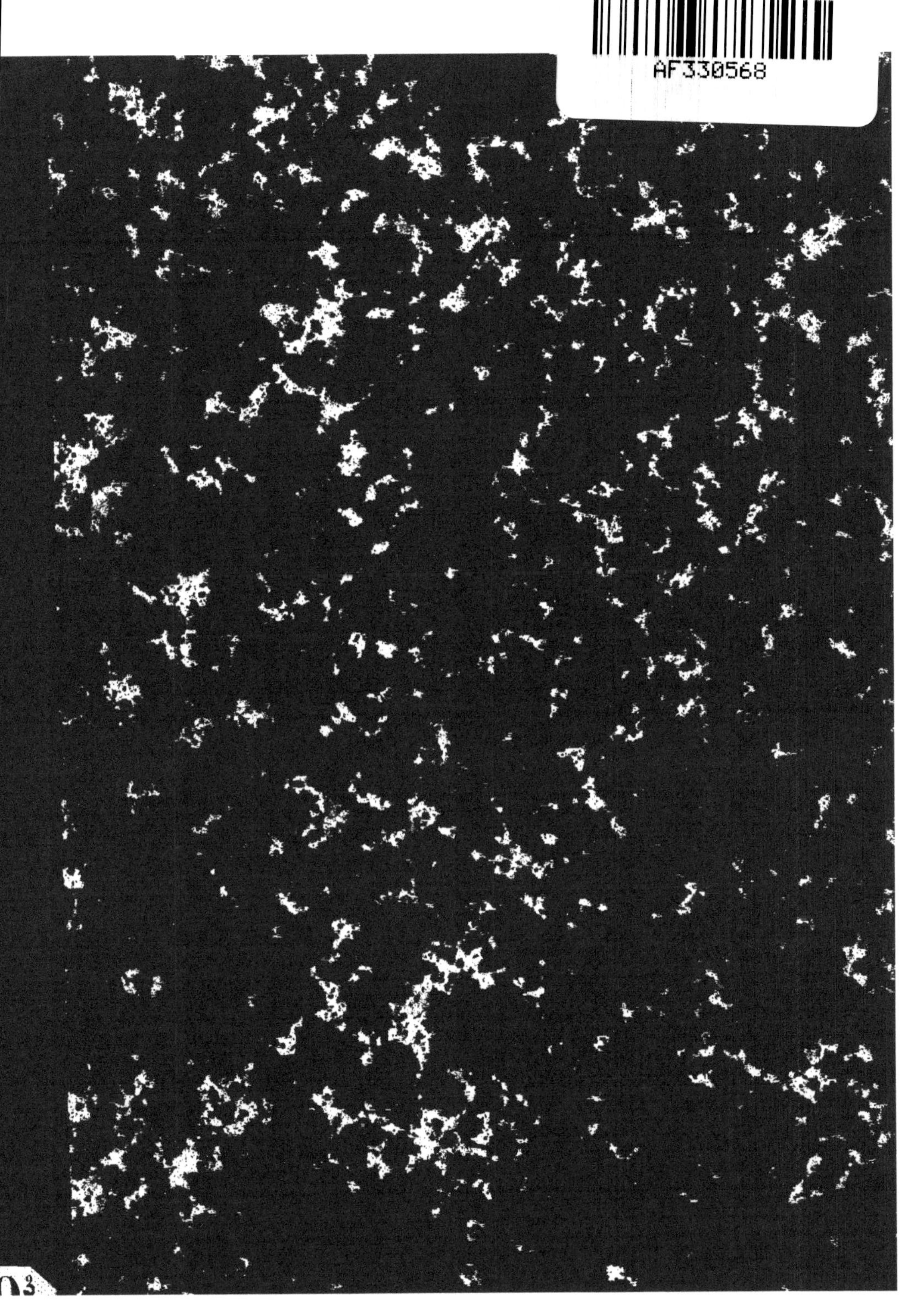

# LES QUESTIONS
# DE LA COMMISSION

ET

## LES RÉPONSES
## DU GÉNÉRAL MAHMOUD BENAÏAD.

LE GOUVERNEMENT TUNISIEN

ET

# LE GÉNÉRAL MAHMOUD BENAÏAD.

LES QUESTIONS

# DE LA COMMISSION

ET

## LES RÉPONSES

## DU GÉNÉRAL MAHMOUD BENAÏAD.

PARIS

TYPOGRAPHIE DE HENRI PLON

IMPRIMEUR DE L'EMPEREUR

RUE GARANCIÈRE, 8.

1855

# LES QUESTIONS
# DE LA COMMISSION

ET

# LES RÉPONSES
# DU GÉNÉRAL MAHMOUD BENAÏAD.

## PREMIÈRE SÉRIE.

### MÉTAUX D'HUILE.

Question. — 1° 42,900 métaux d'huile.

« Demander le teskeré du 9 rebi-el-tani 1261 (non produit).

» Qu'a-t-on à opposer pour le Bey à l'amra du 5 rebi-el-tani 1268 (Pièce justificative n° 26)?

» 20,900 métaux idem.

» Idem sur l'amra du 5 rebi-el-tani 1268. »

Réponse. — Dans un compte courant arrêté et signé par le Bey, en date du 9 rabi-el-tani 1261, la somme ci-après se trouve portée au débit du général Benaïad dans le deuxième article.

1,105,000 piastres. « Il (le général Benaïad) est aussi débiteur du prix de quatre-vingt-cinq » mille métaux d'huile, mesure de Tunis, qui, en vertu de notre ordonnance, se trouvant entre » ses mains, lui ont été vendus à raison de treize piastres le métal. »

Ce compte courant est terminé par le règlement suivant. C'est le teskeré que réclame la Commission. L'original en est joint aux pièces.

« Nous avons réglé avec notre parfait et respectable fils Mahmoud Benaïad le compte des » recettes et des dépenses portées ci-dessus et effectuées par lui.

» Après tout compte fait, il reste débiteur de un million deux cent onze mille soixante-deux » piastres un quart, comme cela est détaillé ci-dessus. Il s'acquittera de cette somme dans le

1

» compte suivant, parce qu'il a fait encore d'autres dépenses en fournitures et autres articles qui
» lui ont été commandés et qui n'ont pas été portés dans ce compte, faute de nous être assuré de
» leur nombre pour une partie, ou d'en connaître au juste le prix, ou bien pour avoir la preuve
» de leur livraison.

» Par conséquent, lorsqu'il produira lesdites dépenses, nous les porterons à son profit dans le
» compte suivant.

» Écrit le 9 rabi-el-tani 1261.

» *Signé :* AHMED, Pacha-Bey. »

Question. — « 2° 90,749 métaux d'huile.

» Idem sur l'amra du 5 rebi-el-tani 1268. »

Réponse. — Les agents tunisiens divisent ainsi cet article :

13,558 métaux.
77,191  idem.

Total. . . 90,749 métaux.

Voici comment ils établissent leur prétention page 16 de leur mémoire intitulé *Redressement des questions :*

« Son Altesse avait ordonné à M. Benaïad d'acheter divers objets nécessaires aux troupes, tels
» que fusils, etc., et, *pour faire face au montant de ces fournitures*, elle lui délivra deux teskerés
» pour la susdite quantité de 90,749 métaux d'huile, afin de les déduire des huiles dont il était
» envers le gouvernement. »

Plusieurs objections se présentent tout d'abord. Si cette quantité de 90,749 métaux d'huile avait
été donnée à valoir sur des fournitures à faire, le Bey n'aurait pas eu besoin d'en écrire deux
teskerés, tous deux avec fraction non-seulement de centaine, mais encore de dizaine; il en aurait
donné un seul teskeré d'une somme ronde, c'est-à-dire sans fraction.

La quantité de 85,000 métaux d'huile qui est invoquée, afin d'établir une similitude comme
ayant été donnée à valoir sur des fournitures à faire, était d'un seul teskeré et sans fraction de
dizaine, ni même de mille.

Si les deux articles dont il s'agit avaient été donnés au général Benaïad à valoir sur des
fournitures à faire, le général Benaïad persiste à soutenir que le Bey lui aurait nécessairement
demandé un reçu du montant de ces teskerés, comme il l'a fait lorsqu'il lui a remis les 85,000 métaux sus-mentionnés et que c'est l'usage invariable de la comptabilité tunisienne.

A la même époque le Bey était débiteur envers Benaïad de la somme de cinq millions de
piastres, que Son Altesse lui a soldée plus tard dans le compte du cuir, par le teskeré du 20 rabi-
el-tani 1268. Il était bien plus rationnel que le Bey donnât cette quantité de 90,749 métaux à
valoir sur ce qu'il devait au général Benaïad que de la lui donner pour des fournitures à faire.

Il faut remarquer que les agents tunisiens emploient toujours le même procédé. C'est, en définitive, de contester les comptes arrêtés et les quittances authentiques. Dans cette réclamation
comment ont-ils agi? D'abord ils avancent un chiffre, 90,749 métaux; ils se tiennent dans le
vague, ils ne précisent rien, ils ne donnent ni date ni détails, si bien que le général Benaïad,
qui ne peut supposer qu'il s'agisse de contester les faits établis par les actes officiels, croit qu'il

est question d'un double emploi sur le teskeré des 85,000 métaux. Au dernier moment seulement, les agents tunisiens se décident à parler, et ils avouent alors qu'ils entendent revenir sur le compte quittancé et balancé de 1268. Le général Benaïad connaît donc aujourd'hui pour la première fois la nature de la difficulté qu'on élève. Il ne lui est pas difficile d'y répondre.

Ces 90,749 métaux sont portés dans le compte de 1268 au débit de Mahmoud Benaïad. Par ce même compte, toute balance faite, le Bey se reconnaît débiteur envers lui de 17,637 métaux 1/2 et 3/4 de saàs. On ne se reconnaît pas débiteur quand on est créancier. L'assertion des agents tunisiens est une fable; rien ne la prouve, rien ne la justifie; elle se détruit par sa propre invraisemblance.

Le général Benaïad a sa quittance. Elle fait foi et titre jusqu'à preuve contraire. Les agents tunisiens ne peuvent être admis à l'annuler par des fictions et des inventions. Retranché derrière son titre, le général Benaïad est invincible; car on n'a rien opposé, on n'opposera rien de sérieux à ce titre.

Mais, à côté du titre, il y a aussi le fait. Il est monstrueusement faux que ces 90,749 métaux d'huile aient été destinés à payer des fournitures soit faites, soit à faire. Ils représentent les versements que le général a faits en huile à diverses personnes chargées de les recevoir, en vertu des teskerés ou mandats du Bey lui-même. Suivant l'usage, ils ont été présentés au règlement des comptes, vérifiés, inscrits sur les registres article par article, et ensuite déchirés par Son Altesse. Et maintenant on pourrait élever des revendications sur un règlement de cette nature! On a détruit les titres primitifs du général Benaïad pour les remplacer par un autre titre, et ensuite on vient élever des difficultés sans dignité comme sans sincérité contre ce titre; il suffira de raconter sans le prouver qu'il contenait un sous-entendu !

Si M. Raffo interroge sa mémoire et sa conscience, il se rappellera certainement un teskeré que le Bey a tiré en sa faveur sur le général Benaïad pour une quantité de 1,000 à 1,500 métaux d'huile, offerts en don à lui, M. Raffo, pour faire des conserves ou marinade de thon ; et cette quantité versée à M. Raffo faisait partie des 90,749 métaux qui ont principalement servi à l'approvisionnement des troupes de Son Altesse.

Question. — « 3° 9,350 métaux.

» Demander au Bey la production du sous-bail. »

« Demander à Benaïad la circulaire. Explications sur la perte du cachet.

» Demander à Benaïad des explications sur Touboursouk et Tastour. »

Réponse. — Le général Benaïad a chargé son agent à Tunis, M. Mercier, de faire des recherches dans le but de découvrir dans les archives du Consulat la circulaire en question. Ces recherches n'ont rien produit. Alors M. le consul général de France s'est rendu chez le kasnadar, qui a reconnu et déclaré en ces termes la perte du cachet du général Benaïad :

« Mahmoud Benaïad perdit effectivement son cachet il y a environ quinze ans. A cette époque » des mesures furent prises pour obvier aux conséquences qui pouvaient résulter de cette perte. »

Un procès-verbal de cette déclaration a été dressé le 25 septembre dernier par M. le consul général. Ce document est joint aux pièces originales.

Un mot maintenant sur le prétendu sous-bail de Bouhram pour Tiach. Voici la vérité sur ces points.

En vertu d'un amra de concession, Chaban-el-Mokadem était fermier pour 1267 des terres à oliviers de Tunis, Toubourba, Zagouan, etc., et cette concession contenait expressément et nominativement les dîmes d'oliviers *de Tiach* pour la même année.

Mokadem voulut détacher de cette concession la dîme de Tiach et la sous-affermer à Bouhram. Le Bey agréa cet accord, et, en conséquence, un nouvel amra fut décrété au profit de Bouhram, avec mention sur l'amra de Mokadem de ce démembrement dans sa concession.

Il est donc facile aux agents tunisiens de trancher la question : qu'ils produisent l'amra de fermage de Mokadem pour 1267, et l'on verra alors clairement qui était réellement le fermier de Tiach et de toutes les localités dont il vient d'être parlé. Or, Chaban-el-Mokadem est vivant, il est à Tunis, et si le gouvernement veut bien se donner la peine de se procurer cet amra, il l'aura quand il voudra. Mais s'il fait des démarches, ce sera pour qu'il soit caché, et en voici la raison : la production de cette pièce serait sa condamnation et la constatation des actes faux qu'on a fait fabriquer par des gens décorés du titre de notaires.

En effet, le général Benaïad a écrit à son représentant à Tunis en l'invitant à appeler Chaban-el-Mokadem devant le consul général de France, et de lui demander devant ce magistrat soit une copie authentique, soit l'original de son amra. Mokadem a refusé.

Voici en quels termes :

« *Demande*. Avez-vous et voulez-vous nous rendre un amra du Bey, relatif au fermage des » oliviers de la régence pendant l'année 1267?

» *Réponse*. Je n'ai point la pièce que vous réclamez *écrite au nom de Sidi Mahmoud*, mais j'ai » un amra du Bey relatif au fermage de quelques forêts d'oliviers *écrit en mon propre nom. Cet* » *amra est inscrit sur les registres du Bey*. » (Procès-verbal du consul général de France joint aux pièces.)

Si les agents tunisiens ne présentent point cet amra, c'est donc qu'ils ne le veulent pas.

Il y a une autre preuve de la vérité des affirmations du général Benaïad.

A l'heure qu'il est, Chaban-Mokadem est encore débiteur de Mahmoud Benaïad pour 40,000 métaux d'huile, représentant plus d'un million de piastres. Le gouvernement tunisien lui a fait défendre de se libérer envers son créancier. Notons en passant que cette prohibition est absolue, et s'étend à tous les débiteurs du général. Notons aussi que ce million figure dans les 10,000,000 de créances dont le recouvrement est rendu impossible par les inhibitions du gouvernement de Tunis.

Or, dans ces 40,000 métaux se trouvent compris le produit des dîmes d'oliviers reçues par Mokadem. Voici comment :

Pour ce fermage, le général Benaïad avait cautionné Mokadem. Il ne paya point. Le Bey recourut à la caution, et le règlement du teskeré du 5 rabi-el-tani 1268 constate que les huiles du fermage de Chaban-Mokadem ont été portées au débit du général Benaïad en qualité de répondant de Mokadem, véritable fermier de ces gabats.

Or, une difficulté ici s'éleva entre le Bey et le général. Le Bey prétendait que Mahmoud Benaïad ayant cautionné Mokadem pour la totalité de son fermage, le cautionnement embrassait également le sous-bail passé à Bouhram pour Tiach. Le général Benaïad protestait de son côté que le Bey ayant consenti au transport des dîmes de Tiach, de Mokadem à Bouhram, sa responsabilité ne pouvait s'étendre à une gestion devenue étrangère à Mokadem. Cette juste prétention prévalut, et voilà pourquoi les dîmes de Tiach ne figurent pas à côté de celles de Mokadem dans le règlement qu'a fait le général Benaïad pour le compte de ce dernier.

Au total, en présence encore de comptes réglés, balancés et quittancés, les agents tunisiens réclament sans titre un fermage au général Benaïad. A ces conditions, ils pourraient aussi bien lui réclamer les fermages de tous les apaltateurs de la régence. A ces prétentions sans fondement le général Benaïad oppose un titre, la quittance générale du teskeré de rabi-el-tani de 1268. Aux agents tunisiens à prouver l'invalidité de cet acte. Le général Benaïad pourrait s'en tenir là, et cependant c'est encore lui qui indique aux agents tunisiens le fermier qu'ils confondent avec lui, le détenteur du contrat qui désigne et prouve le titulaire.

Dès lors, le général Benaïad a fait plus qu'il ne doit, et, en ne produisant pas l'amra de Mokadem, les agents tunisiens ne font ni ce qu'ils peuvent, ni ce qu'ils doivent.

Pour la question relative aux saâs de Touboursouk et de Tastour, quelques mots suffiront.

Le général Benaïad a déclaré que Ahmed-Ben-el-Cheik était le fermier de ces saâs pour 1264.

Les agents tunisiens ne le nient plus. Ils produisent (*Redressement des questions,* page 18) une lettre du général Benaïad en date de djoumad-el-aoual 1269, qu'ils ont obtenue d'un des anciens agents du général et de laquelle ils infèrent qu'en réalité il aurait reçu à cette époque (1269) le produit des saâs de 1264. La lettre du général Benaïad n'a point le caractère exclusif qu'on lui prête ; elle parle en effet de versements d'huiles que Ben-el-Cheik aurait opérés entre les mains de ses agents, mais elle n'indique ni l'année ni le motif auxquels se rapportent ces versements. Or Ahmed-ben-el-Cheik a été sous-fermier direct du général Benaïad pour les dîmes d'huiles de ces mêmes localités de Tastour et de Touboursouk. Dès lors, au lieu d'une lettre vague, les agents tunisiens n'ont qu'à se procurer le reçu que les employés du général Benaïad ont donné à Ben-el-Cheik et qui doit indiquer la nature de la dette que ces payements acquittent. Rien n'est plus facile aux agents tunisiens. Qu'ils produisent donc ces reçus, toute difficulté sera tranchée.

Jusque-là le général Benaïad ne peut que persister dans son affirmation :

Il n'était point fermier des saâs de Touboursouk et Tastour pour 1264.


Question. — « 4° Demander au Bey la production des comptes ou registres qu'il invoque.

» Demander à Benaïad le teskeré du 16 chaban 1264 (non produit).

» Est-il vrai d'ailleurs que les agents du Bey faisaient fonctionner les presses ?

» Demander à cet égard des explications soit au Bey, soit à Benaïad.

» Demander au Bey les reçus de Benaïad dans le cas où il serait établi que les agents du Bey » faisaient fonctionner les presses.

» 5° 3,066 métaux 8.

» Voir la note sur le numéro précédent, mêmes questions, mêmes renseignements. »


Réponse. — Dans leur *Note explicative,* page 18 et lettre *d* de leurs observations, les agents tunisiens réclament en ces termes les revenus des presses de la Casba :

« M. Benaïad, depuis l'année 1261 jusqu'en 1268, a été chargé par le gouvernement de toucher » les revenus des presses de la Casba et de lui en rendre compte. M. Benaïad passait au débit du » gouvernement les frais nécessaires pour ledit service ; mais pour tout revenu il n'a passé au crédit » du gouvernement qu'un article de 7,351 métaux, dans un compte de rebi-el-tani 1268. — Après

» le départ de M. Benaïad, quand le gouvernement s'est trouvé dans la nécessité de charger un
» de ses fonctionnaires des revenus des susdites presses à la place de M. Benaïad, il a trouvé que
» les registres du notaire chargé de la comptabilité portaient ( suivant détail ci-contre) un revenu
» de métaux 30,086 14, pour le temps que M. Benaïad en avait la charge ; par conséquent, on
» place ce total au débit de M. Benaïad, après déduction faite des métaux 7,351 qu'il a portés au
» crédit du gouvernement dans son compte précité, et qui sont les revenus desdites presses depuis
» le 1er djoumad-el-aoual 1257 jusqu'en sfar 1268 seulement. »

A côté de ce récit, se trouve le détail suivant, année par année, des revenus des presses de
la Casba :

« Revenu de l'ancienne presse à huile pendant l'année 1261, métaux. . . . . 2,033   8 saâs.
» Revenu des presses à huile de la Casba pendant l'année 1262. . . . . . . . 1,440   8
»                 —                         —                 1263. . . . . . . . 1,238   8
»                 —                         —                 1264. . . . . . . .   927   6

» TOTAL de ces quatre années. . . . . . . 5,639  14 saâs. »

Le général Benaïad a prouvé (*État des questions*, p. 97) que cette somme se trouvait portée et
quittancée dans le règlement du Bey, sous la date du 6 chaban 1264. La commission demande la
production de ce teskeré. En voici la traduction; son original est joint aux pièces :

TRADUCTION DU TESKERÉ.

«   4,000 métaux         Fermage des oliviers de Bizerte, par l'intermédiaire de notre fils
»                           Chaban-el-Mokadem, pour l'an 1260.
» 35,000                Fermage des oliviers pour 1261.
»   6,850             Fermage des oliviers de Toubourba, de Bizerte, de Ras-el-Djebel, de
»                           Tastour et de Tiach, pour l'année 1262.
» 48,000                Fermage des oliviers pour l'année 1263.
»   5,639 3/4      2 saâs. *Montant de l'huile provenant des grignons dans la presse de la Casba,*
»                           *à partir de moharem 1261 jusqu'à djoumad-el-aoual 1264.*
» 17,645                Recette, d'après notre autorisation, de l'huile appartenant à notre
»                           cher fils Moustapha, kasnadar.
»   3,784              Reçus de notre fils Mahomed-el-Zarar-y, pour les oliviers de Tou-
»                           bourba, à valoir sur les 8,000 métaux dont il a un mandat de
»                           nous.
»   2,745 1/2    1/4 de saâ. Restant dus par lui dans son compte des oliviers de Tunis pour
»                           l'année 1260.
_______________________________
» 123,661  1/2 et 1/4 de saâ. »

» Nous avons réglé avec notre illustre fils, le général Mahmoud Benaïad, le compte de l'huile
» qu'il a reçue, ci-dessus détaillé en huit articles, dont le total est de 123,661 métaux 1/2 et 1/4
» de saâ, ainsi que le compte de l'huile qu'il a livrée, dont le total est de 94,062 métaux 1/4
» et 3 saâs. Déduction faite, il reste débiteur de 29,599 métaux et 1 saâ, comme cela résulte de
» son compte dans le registre, article par article.

     » Écrit le 16 chaban 1264.

» *Signé* : AHMED, Pacha-Bey. »

Examinant à présent le revenu des autres années, continuons la citation y relative contenue dans la *note explicative* de nos adversaires :

« Revenu desdites presses jusqu'au 24 moharem 1265. . . . . . . . . . métaux.  3,109 8
»          —          jusqu'à zilcade 1265 (y compris). . . . . . . . . . . . .  6,781 »
»          —          jusqu'à la fin de rebi-el-aoual 1266. . . . . . . . .  2,727 »
»          —          jusqu'à la fin de djoumad-el-aoual 1266. . . . . . .  2,200 8
»          —          jusqu'à la fin de chaban 1266. . . . . . . . . . . .  361 »
»          —          jusqu'à la fin de rebi-el-tani 1267. . . . . . . . .  630 8
                                                        » Total. . . . . . . . . . .  15,809 8

» Revenu desdites presses jusqu'à la fin de sfar 1268. . . . . . . . . . . . .  7,351 »
»          —          jusqu'à la fin de chaban 1268. . . . . . . . . . . .  1,286 »
                                                        » Total. . . . . . . . . . .  24,446 8

» A déduire : quotité portée au débit de M. Benaïad dans son compte avec le gouvernement,
» de rebi-el-tani 1268, métaux 7,351. »

Les adversaires du général Benaïad prétendent, comme on le voit, qu'il resterait débiteur de leur gouvernement pour plusieurs milliers de métaux. Cette assertion est réfutée par une double preuve. Le chiffre de 7,351 métaux d'huile, reconnus seuls par les agents tunisiens comme reçus sur les produits des presses de 1261 à 1268, est nécessairement altéré. Car, d'un côté, le règlement de chaban 1264 porte reconnaissance pour les années 1261 à 1264 d'un versement de. . . . . . . . . . . . . . . . . . . . . . . . . . . . . . . . . . . . métaux.  5,639 3/4
et, de l'autre côté, les agents tunisiens portent au crédit de Mahmoud Benaïad, selon le compte de 1268. . . . . . . . . . . . . . . . . . . .  7,351
                                        Total. . . . . . . . . . . . . . métaux.  12,990 3/4

Le chiffre des agents tunisiens est donc forcément inexact.

Quant aux produits de la presse pour les années qui ont suivi 1264, le teskeré de rabi-el-tani 1268 les déclare versés, réglés et quittancés. Ce teskeré arrête le compte des recettes en huiles du général Benaïad, y compris les provenances des presses de la Casba jusqu'en sfar 1268, et, tout compte fait, il constate le Bey débiteur pour balance et solde de 17,637 métaux. Ce teskeré juge et résout la question. Il répond très-suffisamment aux calculs et aux chiffres de fantaisie des agents tunisiens.

Mais, par la même raison, le général Benaïad reconnaît qu'il y a compte à faire pour les revenus des presses depuis sfar 1268 jusqu'à la fin de la même année. La *Note explicative* porte cet article à 1,286 métaux. Le général Benaïad n'accepte ni ne dénie ce chiffre. Il a donné aux employés des presses des reçus pour toutes les huiles qui lui ont été versées ; il réglera sur ces reçus, et uniquement sur ces reçus.

Toutefois, avant d'abandonner ce sujet, le général Benaïad doit faire une observation qui lui paraît essentielle. Tout à l'heure il se débattait contre la prétention des agents tunisiens, voulant porter à son débit 90,749 métaux qui sont quittancés par le teskeré de rebi-el-tani 1268. Cela fait, ils s'attaquent à ce même teskeré, et déclarent également nulle et non avenue la quittance qu'il donne pour les produits de la presse de la Casba. Que reste-t-il alors de ce titre, et quelle valeur lui attribuent les agents tunisiens ? N'est-ce pas abuser et de la Commission et du droit de récuser sa signature, que de prendre ainsi ce règlement pour ainsi dire dans chacune de ses parties et de venir le démolir pièce à pièce de façon que, tout en ayant l'air de l'accepter dans son ensemble, on finisse par n'en laisser survivre à peu près rien. Et qu'on remarque avec quelle assurance les agents tunisiens groupent et manipulent les chiffres. De ce compte vérifié et acquitté, ils trouvent moyen de faire sortir une dette contre le général Benaïad, d'un côté pour    métaux 90,749

de l'autre pour    22,735

d'où il résulte que d'un compte en vertu duquel le général Benaïad est constaté créditeur de 17,737 métaux, ils trouvent moyen de tirer contre lui un débit de. . . . . . . . . . . . . . . . . . . . . . . . . . . . .    113,484

Les agents tunisiens portent en outre au débit du général Benaïad la somme de 3,066 métaux 8 saâs comme revenu de la presse de Toubourba pour les années 1264, 1265, 1266, 1267 et 1268.

La réponse du général à ce sujet est facile. Il répète que ce revenu est entré dans le règlement de compte du 5 rebi-el-tani 1268, en vertu du teskeré de solde portant cette date.

Les agents tunisiens ne peuvent ignorer que la récolte des olives est achevée et pressée tous les ans avant rebi-el-tani. Comme le général Benaïad a, quatre mois après, quitté la régence de Tunis pour se rendre en France; si, pendant les quatre mois qui se sont écoulés entre son dernier règlement de compte et son départ pour la France, des huiles de cette presse ont été reçues par lui, qu'on lui présente ses reçus, et il en tiendra compte; il tiendra également compte des huiles qu'auront perçues ses agents contre leurs reçus.

Le général Benaïad est encore forcé de conduire la commission à se heurter contre une altération de chiffres des agents tunisiens.

D'abord ils prétendent que le général Benaïad était l'exploitateur direct des presses de la Casba pour son propre compte, et que cet établissement n'opérait pas sous la surveillance et la direction des agents du Bey. Ils ont besoin de cette assertion pour se dispenser de présenter les reçus que le général déclare avoir donnés à ces agents en raison et à mesure de leurs versements.

Le général Benaïad a les mains pleines de mandats tirés soit sur lui, soit sur son caissier par le directeur des presses de la Casba nommé par le Bey pour la paye des ouvriers et les divers frais relatifs à l'établissement. Or, si les ouvriers eussent été pour son compte, le général Benaïad les eût directement payés.

Comme preuve de son assertion, le général Benaïad joint aux pièces originales un de ces mandats tirés officiellement par Abdala-el-Témimi, directeur des presses de la Casba, nommé par le gouvernement, et investi encore aujourd'hui de ce poste, ce qui répond en passant à cette assertion des agents tunisiens prétendant qu'ils ont découvert la fraude du général Benaïad, quand le gouvernement a dû placer un autre agent à la tête des presses de la Casba.

Voulant ensuite appuyer de quelque argument l'invraisemblance des 30,000 métaux qu'ils attribuent aux presses de la Casba de 1261 à 1268, les agents tunisiens énumèrent les frais que, dans cette période, le général Benaïad a portés en compte au gouvernement tunisien pour les dépenses de cet établissement, et ils font monter ces frais à un total de 115,631 piastres. Après quoi, établissant un calcul de proportion, ils cherchent à prouver que cette somme représente pour leurs 30,000 métaux un prix de revient normal de 6 piastres, tandis que, sur les 12,990 métaux sur lesquels devrait calculer le général Benaïad, le prix de revient serait de 9 piastres, ce qui dépasserait tous les termes raisonnables d'une opération de cette espèce.

Pour répondre à ces objections, le général Benaïad déclare d'abord que le premier chiffre de 33,868 piastres 1/2 applicable, selon les agents tunisiens, à l'année 1264, représente les frais de pressurage des grignons dans la presse de la Casba depuis le 1er moharem 1261 jusqu'à djoumad-el-aoual 1264. Et pendant ce laps de temps le rendement des presses a été de 5,639 métaux 14 saâs, comme le prouve le teskeré de solde de 1264. Le prix de revient est donc de 6 piastres, et non de 9 par chaque métal.

On voit que, pour cette période, le Bey n'a été débité des frais de pressurage que quatre mois après avoir reçu les huiles en question; car, de zilcade, date invoquée par nos adversaires, à chaban, il y a un intervalle de quatre mois.

Quant aux 36,619 piastres 3/4 que les agents tunisiens citent comme chiffre de dépenses compris par le général Benaïad dans un compte de 2,243,944 piastres non encore réglé avec le Bey, elles sont le montant des frais de pressurage des grignons dans la presse de la Casba de 1265 à 1268. Et comme le rendement de cette presse s'est élevé pour cette période à 7,351 métaux d'huile, quantité réglée par le teskeré du 5 rabi-el-tani 1268, le calcul proportionnel fixe le prix de revient à près de 5 piastres 1/2 le métal.

Rappelons encore ici que le Bey ne paye les frais de pressurage que bien longtemps après avoir reçu les huiles. Pour le premier règlement, celui de 1264, on voit qu'il a laissé écouler un intervalle de quatre mois, et que, pour le second, il n'a encore rien payé de ces frais.

Venons maintenant aux 20,828 piastres 3/4 que les agents tunisiens font figurer comme frais de presse de la Casba, dans le compte de rabi-el-tani de 1266, et aux 24,354 piastres 3/4 qu'ils inscrivent également comme frais dans celui du 25 hedja 1266, total 45,182 piastres, quoiqu'ils sachent parfaitement bien que ces deux sommes n'ont aucun rapport au pressurage, mais qu'elles font partie des frais de montage et d'installation des vingt-quatre presses achetées par M. le comte Raffo lui-même, de M. Vangaver, négociant à Marseille.

Toutefois, notons en passant, ce qui est de notoriété publique, que ces presses, coûtant près de 500,000 francs, non compris les frais en question, n'ont jamais pu fonctionner d'une manière satisfaisante.

Comment est-il possible que les agents tunisiens, parfaitement au courant de cette affaire, puisque leur intervention y a été directe et personnelle, confondent ainsi des comptes absolument distincts, et fassent entrer dans les frais de pressurage des olives, 20,828 piastres 3/4 d'une part, et 24,354 piastres de l'autre, quand il est constant que ces deux chiffres sont entrés dans les dépenses d'installation et de montage des presses, et autres frais analogues. Il eût été aussi raisonnable de faire entrer dans les dépenses de pressurage les 500,000 fr., prix des machines. Les agents tunisiens seraient ainsi arrivés à un chiffre de revient devant l'invraisemblance duquel ils ont sans doute reculé.

Maintenant, acceptons toutes les bases du calcul des agents tunisiens. Nous avons prouvé qu'ils avaient exagéré les frais de pressurage de 45,182 piastres sur 115,671. Les agents tunisiens reconnaissent que le Bey payait habituellement 6 piastres par métal pour ces frais, et le général Benaïad avait réduit la dépense à 5 piastres 1/2 par métal. Acceptons l'évaluation des agents tunisiens, 6 piastres par métal. Acceptons leur chiffre exagéré de 115,671, comme étant en réalité la dépense faite par Mahmoud Benaïad. Il en résultera encore que 115,671 piastres, sur un prix de revient de 6 piastres, produisent 19,275 métaux, et pourtant les agents tunisiens en réclament 30,086. On voit que leurs chiffres ne soutiennent pas un instant la discussion dès qu'on veut les examiner de près.

La preuve que le général Benaïad n'a cessé d'être créancier du gouvernement pour les huiles se trouve dans la lettre que le caïd Nessim lui adressa à Paris en date du 12 ramadan 1268; cette lettre prouve également que les agents du général Benaïad furent encore forcés de fournir au Bey à cette même époque 400 métaux d'huile.

Nous citons ici un extrait de cette lettre dont l'original sera produit.

*Extrait de la lettre de Nessim au général Benaïad en date du 12 ramadan 1268.*

« Nous avons informé Votre Seigneurie du mandat de 400 métaux d'huile de la presse de » Toubourba qui a été tiré sur vous. A cette occasion, je suis allé avec Sid Ali Gilani à la Maho- » médie, où nous avons passé la nuit. *Nous avons répondu très-longuement à Sidi Kasnadar que* » *Votre Seigneurie est créancière du gouvernement du Bey pour environ 30,000 métaux d'huile* que » nous sommes autorisés à réclamer pour vous. Nous avons dit au kasnadar, et vous voulez main- » tenant que nous ajoutions à cela 400 métaux d'huile, tandis que nous n'avons pas d'huile au » magasin.... Mais l'illustre susdit nous a répondu qu'il fallait absolument que nous livrassions ces » 400 métaux d'huile, *et que dorénavant il ne serait plus tiré sur vous d'autres mandats.* »

# NUMÉRAIRE.



Question. — « § I. — 1. Délégations 848,907 piastres.

« Demander des explications à Benaïad et au Bey sur la question de savoir si le courtage des
» soies a été délégué pour 1264, 1265, 1266. »

L'explication sur ce point est simple, et le général Benaïad s'empresse de la fournir à la
Commission. Comme il l'a déjà dit, lorsque le droit sur la soie fut établi, cette taxe souleva les
plus vives réclamations de la part des consuls et des négociants européens; elle ne put jamais être
prélevée, et il fallut y renoncer. Néanmoins elle est effectivement mentionnée sur les registres du
gouvernement au débit du général Benaïad, au compte de numéraire en date du 13 rebi-el-
tani 1267. Mais ici encore les agents tunisiens ont dissimulé la teneur de ces comptes.

En effet, les 48,000 piastres dont il est question pour le fermage de la soie dans les trois années
susdites sont déduites ensuite du débit du général au même compte et dans les termes suivants :

« A déduire le prix du fermage de la soie pour les trois années finissant l'an 1266 : 48,000
» piastres. »

Et en conséquence le total du débit du général Benaïad, qui était de 12,918,500 piastres, est
réduit immédiatement à 12,870,500 piastres.

La balance du compte après cette déduction de 48,000 piastres est, à la charge du général
Benaïad, de 800,908 1/4. C'est la somme qu'a toujours reconnue du chef de ce compte le général
Benaïad, et il est prêt à la porter au crédit du gouvernement tunisien, à la charge par ce dernier
de se débiter à son tour des sommes qui appartiennent au général Benaïad, en vertu des deux
amras de 1261 et de chaoual 1262 sur les fermages de Bizerte, de la Rabta, la Koucha, l'Alfa,
Ouatan et autres.

Question. — « 2. 1,863,593, année 1267.

» V. numéro précédent pour le courtage des soies.

» Explications sur les 50,625 piastres, fermage du droit du saâ sur les huiles du Tiach et de
» Tastour.

» Est-il vrai que ce fermage n'appartenait pas à Benaïad?

» En demander la preuve. »

Réponse. — A la réclamation relative aux chiffres ci-dessus le général Benaïad répond, comme il vient de le faire pour l'article précédent, qu'il faut d'abord en déduire 16,000 piastres montant du droit de courtage sur la soie pour ladite année, et ensuite 50,625 piastres, prix du fermage du saâ de Tiach, de Tastour et de Touboursouk. Déduction faite de ces deux sommes qui ne regardent nullement le général Benaïad, la somme réclamée se réduit à 1,796,966 3/4, qu'il reconnaît.

Ce qui motive le retranchement des 50,625 piastres du chiffre donné par les agents tunisiens, c'est que le fermier du Saâ, de Tastour et de Touboursouk pour 1267 était Ahmed-ben-el-Cheik. Et quoique le général Benaïad ait été chargé par le Bey de recevoir d'Ahmed-ben-el-Cheik le droit de ce saâ, il ne doit absolument rien, attendu qu'il n'a rien reçu sur l'année 1267. Ainsi il est parfaitement vrai que ce fermage n'appartenait pas au général Benaïad. La Commission lui en demande la preuve; il ne peut pas avoir d'autre preuve que sa dénégation. S'il était fermier, il aurait l'amra du Bey qui l'investit du fermage; mais s'il ne l'est pas, comment aurait-il une pièce prouvant qu'il n'est pas investi. Cette preuve est tout entière à faire aux agents tunisiens, et si le général Benaïad ne dit pas vrai, il leur est facile de le confondre par la production de l'une des deux copies de l'amra, qui, en ce cas, serait restée entre les mains du Bey. Cette production, le général Benaïad affirme que ses adversaires ne la feront pas.

Que si Ahmed-ben-el-Cheik a versé une portion quelconque de son fermage au général Benaïad, il est le premier intéressé à en justifier, et il doit pouvoir produire les reçus du général Benaïad ou de ses agents? Alors ce serait un article nouveau à porter au crédit du Bey. Mais jusque-là le général Benaïad ne peut avoir à tenir aucun compte ni en tout ni en partie d'un fermage qui n'est pas le sien.

Question. — « Est-il vrai que les agents du Bey ont reçu les produits de la ferme des tabacs » pour 1267?

» Demander des preuves à cet égard.

» Est-il vrai pour 1267 que Benaïad n'a pas porté ses fournitures en compte, et que par con- » séquent il ne doit pas compte des délégations qu'il a reçues?

» Demander pourquoi l'on a suivi un mode si étrange de comptabilité. »

Réponse. — Oui, les agents du Bey ont reçu ces produits pour l'année indiquée. La preuve, elle est dans l'amra lui-même du 2 moharem 1267, qui détermine la nature et les conditions de ce fermage. Cet amra avait pour but de cacher au public une transaction sur la ferme des tabacs et des cuirs entre le général Benaïad et le Bey. En conséquence, il était convenu entre les parties que, quoique en réalité la ferme des tabacs restât au compte du général Benaïad, soit pour le bénéfice, soit pour la perte, le Bey en nommerait lui-même les directeurs; que ces directeurs dirigeraient et disposeraient de tout au nom et pour le compte apparent du Bey, et que la convention secrète par laquelle Benaïad demeurait le possesseur réel du fermage ne pouvait ni ne devait être connue des directeurs, agents du Bey. Or, ces directeurs percevant les produits, en rendant compte au Bey et ignorant que le général Benaïad fût le possesseur réel du fermage, ne pouvaient pas lui en remettre les fruits; et ces directeurs, percevant eux-mêmes les fruits, étant nommés par le Bey, étaient incontestablement les agents du Bey.

Le général Benaïad ne suppose pas qu'il y ait un doute possible après l'exposition des termes de cet amra, déjà reproduit dans un de ses mémoires; mais il peut y ajouter encore le témoignage direct d'une lettre du kasnadar.

L'année 1267 finie, le général Benaïad poursuivait le recouvrement des produits des deux fermes; il pressait le kasnadar à cet égard; et le 14 redjeb 1268, ce ministre lui répondait :

« Quant à votre lettre *sur la régie du cuir* et à *votre réclamation de l'argent produit par la ferme* » *du tabac,* lorsque nous nous verrons, nous en conférerons verbalement. »

Et il ajoutait par *post-scriptum :*

« Ne vous endormez pas pour réclamer; *ayez soin de rentrer dans votre argent,* car on a reçu » les ordres à ce sujet. »

Ainsi c'était au kasnadar directement et au Bey que le général réclamait les fonds produits par l'exploitation de la ferme des tabacs, et le kasnadar reconnaît que ces produits lui étaient dus réellement. Si les agents du Bey ne les eussent pas perçus, cette reconnaissance était impossible.

Sur la seconde partie de la question, il suffira d'exposer les faits tels qu'ils sont.

Le général Benaïad a déjà parlé d'un teskeré ou règlement de comptes de rabi-el-tani 1267, portant règlement au crédit du général des fournitures qu'il a faites, et à son débit des sommes qu'il a reçues. Le débit monte à 12,870,500 piastres, le crédit à 12,069,592 piastres 1/4, et le solde contre le général Benaïad est de piastres 800,908 3/4 : ce compte est le dernier qui ait réglé les fournitures du général Benaïad, et le règlement de la dernière de ces fournitures date, aux termes du teskeré susdit, de 1266.

Depuis cette époque, les fournitures subséquentes du général Benaïad n'ont pas été réglées, et par conséquent, tout ce qui a été fourni depuis 1267 inclusivement est dû par le gouvernement tunisien. D'ailleurs, la preuve et les pièces en existent dans les mains du général Benaïad, qui, comme il l'a déclaré et comme le reconnaissent les agents tunisiens, possède les teskerés ou mandats du Bey tirés sur lui en 1267 et années suivantes, et qui doivent former les éléments d'un compte nouveau.

Mais le général Benaïad, toujours en avance, ne pouvait pas être forcé d'attendre sans à-compte le payement des fournitures qu'il versait journellement, et le gouvernement le couvrait partiellement, sauf compte à faire, par des délégations sur ses revenus imputables aux fournitures courantes.

On comprend maintenant ce que la Commission considérait comme un défaut de comptabilité régulière. Les comptes définitifs n'étaient réglés qu'à des époques indéterminées et plus ou moins éloignées. En attendant le règlement, des à-compte soit en nature, soit en valeurs à terme, étaient donnés au fournisseur, et lorsque le règlement devait s'opérer, chacun devait s'y présenter avec ses pièces; le gouvernement tunisien muni des reçus du général Benaïad pour les sommes qu'il lui aurait versées en à-compte, et le général Benaïad muni des teskerés du Bey justifiant la totalité des fournitures devant composer son crédit. Les pièces respectives mises en présence, et les sommes réciproquement reconnues, le compte se trouvait naturellement arrêté par la balance ou le solde qui en ressortait.

C'est ainsi que doit simplement se réaliser le règlement du compte pendant de 1267 à 1269 entre le général Benaïad et le gouvernement tunisien. Le gouvernement justifiera par les reçus du général Benaïad des sommes qu'il peut lui avoir payées sur ses fournitures nouvelles; Benaïad de son côté présentera ses titres ou teskerés de fournitures pour ces trois années. Il en ressortira un solde; mais incontestablement le gouvernement tunisien n'y pourra pas faire figurer les délégations qu'il aurait, il est vrai, livrées au général Benaïad, mais qu'il n'aurait pas payées, comme, par exemple, celle de 1269.

QUESTION. — « 3. 1,788,500 pour 1268.

» Mêmes observations que pour le numéro précédent, relativement au courtage des soies, à la » ferme des tabacs, au mode de comptabilité.

» Motifs qui ont déterminé à ne pas présenter le compte pour 1269.

» Les demander au Bey. »

RÉPONSE. — Mêmes observations que pour le numéro précédent relativement au courtage des soies, à la ferme des tabacs, au mode de comptabilité.

Le général Benaïad reconnaît cette somme avec les mêmes réserves et aux mêmes conditions qu'il reconnaît le compte de 1267, c'est-à-dire après déduction de 16,000 piastres pour fermage du droit de courtage sur la soie; et quand on lui aura rendu compte des revenus du fermage du tabac, qui ont été perçus par Sid Ahmet Zarrouk pour l'année 1268, le général Benaïad est prêt à tenir compte du surplus de la somme de 1,788,500 piastres sur les fournitures pour l'habillement des soldats.

Quant aux motifs qui ont déterminé les agents tunisiens à ne pas présenter les comptes de l'année 1269, quoique le général Benaïad ait sommé les agents tunisiens de les présenter, ils ont fait la sourde oreille, ne voulant pas étaler eux-mêmes au grand jour la preuve de leurs injustices. Le général Benaïad suppléera à ce silence.

En sfar 1269, Ahmed Zarrouk, agent du Bey et directeur de la ferme du tabac, reçut du kasnadar l'ordre de payer au général Benaïad la somme de 1,000,000 de piastres, à valoir sur ses fournitures pour l'habillement des troupes.

Voici la traduction de cet ordre :

« Sid Zarrouk payera un million de piastres tunisiennes sur le fermage du tabac, à Sid Mahmoud » Benaïad, pour les dépenses de l'habillement des troupes.

» Signé : MOUSTAPHA, kasnadar. »

Peu de temps après, en rabi-el-aoual 1269, le kasnadar écrivit au général Benaïad une autre lettre par laquelle il lui déléguait la somme de 642,500 piastres, montant de sept articles qu'il inscrit en tête de sa lettre, à valoir sur ses fournitures de même espèce.

Voici la traduction de cette lettre :

| Piastres. | | | |
|---|---|---|---|
| 200,000 | Fermage des revenus de Gerbi. | | |
| 42,500 | d° | d° | de Toubourba. |
| 100,000 | d° | d° | de la fabrique de draps. |
| 100,000 | d° | d° | de l'habillement des troupes. |
| 100,000 | d° | d° | des poissons. |
| 60,000 | d° | d° | du sel. |
| 40,000 | d° | d° | de la fabrication des galons d'argent. |
| 642,500 | | | |

« Illustre et très-cher général, Sid Mahmoud Benaïad, fermier de l'habillement des troupes, que
» la paix soit avec vous !

» Quant aux six cent quarante-deux mille cinq cents piastres que vous devez pour l'année 1269,
» d'après le détail exprimé ci-dessus, acquittez-vous de cette somme en en débitant le compte des
» dépenses faites et à faire par vous pour l'habillement des soldats pendant l'année de cette date,
» et tenez-en compte conformément au contenu des amras des susdits fermages.

» Je vous salue.

» Écrit le 24 rabi-el-aoual 1269.

» *Signé :* Le vizir de la régence, général MOUSTAPHA, kasnadar. »


Cinq mois et demi s'écoulèrent sans qu'Ahmed-Zarrouk payât aux agents du général Benaïad
la première piastre sur la délégation qui avait été tirée sur lui. Dans cet intervalle, les agents
du général Benaïad ont livré au Bey toutes les fournitures nécessaires à la troupe, et ont tenu
tout prêts les habillements qui leur avaient été commandés. C'est pour cela que dans l'état de ses
réclamations le général a porté à trois millions le chiffre des marchandises et valeurs séquestrées
ou détériorées par le fait du gouvernement. Car tous ces préparatifs, tous ces approvisionnements
faits par les agents du général Benaïad sont restés à la Gorfa, où ils ont été accumulés pour faire
face aux exigences des stipulations de son fermage.

Le gouvernement tunisien ne s'est pas borné à ne point payer cette délégation et à retenir les
revenus des autres fermages délégués, il a encore poussé l'injustice jusqu'à s'emparer violemm-
ment d'une quantité considérable de meubles, de marchandises, d'argent, de créances et d'autres
articles.

Le premier article des délégations susmentionnées d'ensemble 642,500 piastres porte un premier chiffre de 200,000 piastres, formant le solde du fermage de Gerbi pour l'année 1269.

Le gouvernement tunisien, passant de la menace aux effets, envoya dans cette île des agents
chargés de confisquer toutes les marchandises qui s'y trouvaient, soit en huile emmagasinée, soit
en blé et en orge accumulées depuis 1268. Après cet exploit, ces agents s'emparèrent de tous
les revenus de Gerbi et de toutes les créances du général Benaïad, créances s'étendant à tous les
reliquats de compte de sept ou huit années. Cela fait, on jeta les agents du général Benaïad en prison, où ils restèrent jusqu'à ce qu'ils se décidassent à livrer toutes les valeurs, tous les titres de
leur mandant qu'ils avaient entre les mains. Depuis cette époque le revenu de l'île de Gerbi appartenant intégralement au général Benaïad, en vertu de son contrat de fermage, se trouve confisqué
par le Bey.

La seconde délégation de 42,500 piastres, solde de Toubourba, a subi le même sort que celle
de Gerbi.

Le gouvernement s'est également emparé de la délégation de 100,000 piastres sur la fabrique
de draps, confisquant en outre arbitrairement et violemment le drap, la laine, l'huile, les
substances propres à la teinture, les machines, les ustensiles de la fabrique et la fabrique
elle-même, quoique cette fabrique et tous les objets énumérés appartinssent légitimement au
général Benaïad.

Délégation de 100,000 piastres sur la Gorfa.

Nous avons déjà énuméré tous les désastres qu'a fait subir à cet établissement la conduite inique
du gouvernement. On a poussé la persécution jusqu'à interdire à M. le Lasseur, alors à Tunis,

d'ouvrir ladite Gorfa pour l'aérer et prévenir autant que possible la détérioration des marchandises causée par la poussière, par les vers et par la pluie qui traversait les plafonds. A l'heure qu'il est toutes les marchandises entassées dans la Gorfa sont perdues et sans aucune valeur, uniquement par la faute du gouvernement tunisien.

100,000 piastres déléguées sur le fermage du sel.

Le gouvernement a également confisqué dans toute la régence tunisienne tout le sel se trouvant dans les entrepôts du général Benaïad et dans les salines, quoiqu'il n'ait encore rien payé de tout le sel pour lequel il a délivré des teskerés ; il a aussi séquestré toutes les créances du général sur les marchands et les sous-fermiers du sel, créances s'étendant à plusieurs années.

QUESTION. — « § II. — 2,000,000 de piastres, fermage de Bizerte et de Toubourba.

» Est-il vrai que Benaïad est débité en même temps du prix des fermages et du prix des pro-
» duits auxquels il avait droit comme fermier ?

» Il le soutient. Le teskeré du 5 rébi-el-tani 1268 et les comptes pour 1262, 1263 et 1264
» (Raffo, 3, page 22 et suiv.) semblent prouver le double emploi.

» Demander explications au Bey. »

RÉPONSE. — Le double emploi est en effet prouvé par toutes les pièces officielles, et il est devenu nécessaire, du moment que les agents tunisiens ont réclamé le prix de ce fermage. Cet apalte, comme celui des tabacs et des cuirs, était secret, et, par conséquent, les fruits devaient être perçus publiquement par les agents du Bey lui-même. Ces fruits ont dès lors dû figurer au crédit du Bey toutes les fois qu'ils ont été versés dans les entrepôts du gouvernement, et les comptes prouvent que les perceptions en argent ont également été portées au crédit de Son Altesse. Les agents tunisiens n'échapperont jamais, quelle que soit leur subtilité, à cette situation ; et le général Benaïad attend avec confiance leurs explications, s'ils en peuvent donner.

Pour résumer cette affaire en deux mots, le général Benaïad doit au gouvernement quatre millions de piastres pour le prix de deux fermages concédés par les amras secrets de 1261 et 1268, et le gouvernement tunisien doit au général Benaïad le compte des fruits et produits de ce fermage pendant dix ans, à dater de 1261.


### COMPTE DE BLÉ ET D'ORGE.

4,860 3/4 2    Dîme de Bizerte, de Ras-el-Djebel et de Toubourba, pour cinq années, à partir de 1262 jusqu'à 1266 inclusivement, y compris la bonification, formant un quart en sus, comme cela est inscrit dans le compte du général Benaïad sur le registre de la Rabta.

8,478 » 3    Dîme de l'orge pour la même époque, comme cela se trouve inscrit sur le registre de l'Alfa :

Ce compte est réglé en y comprenant la bonification, qui est d'un quart en sus.

Ces céréales appartiennent au général en vertu du contrat du Bey concernant Bizerte et autres ; et cependant le Bey les porte comme dues sur le compte de la Rabta et de l'Alfa : en outre, il en réclame la bonification, quoique lesdites quantités ne lui appartiennent pas d'après le contrat.

## COMPTE DE L'HUILE.

Métaux.

| | | | |
|---|---|---|---|
| 1,000 | » | » | Dîme de Bizerte pour 1262. |
| 1,100 | » | » | Id. de Ras-el-Djebel *id.* |
| 2,200 | » | » | Id. de Toubourba *id.* |

4,400 » »  Le compte de ces 4,400 métaux d'huile est extrait du compte d'huile de la susdite année, arrêté par le teskeré de Son Altesse, en date de chaban 1264.

750 » »  Dîme de Bizerte pour 1263.

750 » »  Id. de Ras-el-Djebel *id.*

4,000 » »  Id. de Toubourba *id.*

5,500 » »  Cette quantité de 5,500 métaux d'huile a été réglée dans le solde de la susdite année, comme le prouve le susdit teskeré du Bey en date de chaban 1264.

7,500 » »  Dîme de Ras-el-Djebel pour 1264.

10,000 » »  Id. de Bizerte *id.*

12,000 » »  Id. de Toubourba *id.*

13,499 1/2 »  Impôt du saâ des trois susdites localités.

Ces quatre articles ont été réglés et soldés au débit du général Benaïad, comme cela résulte du teskeré du Bey en date de rabi-el-tani 1268.

839 1/2 »  Dîme et saâ de Bizerte et de Ras-el-Djebel pour 1265, dus par Ben-el-Cheik, qui en a rendu compte au Bey, comme cela résulte du teskeré de Son Altesse qui est entre les mains de Ben-el-Cheik.

3,351 1/2 »  Dîme et saâ de Toubourba pour la même époque, dus par le même et liquidés de même.

9,750 » »  Dîme et saâ de Ras-el-Djebel pour 1266, *idem, idem.*

13,812 1/2 »  Dîme et saâ de Bizerte pour la même époque, *idem, idem.*

16,250 » »  Dîme et saâ de Toubourba pour la même époque, *idem, idem.*

96,303 » »  TOTAL du produit en huile des fermages secrets mentionnés dans l'amra de keda 1261.

— 18 —

COMPTE D'ARGENT.

| Piastres. | | |
|---|---|---|
| 3,948 | » | Fermage des terres du gouvernement sises à Toubourba, dont le prix a été réglé au débit du général Benaïad pour cinq années, à partir de 1262, dans le compte en date du |
| 9,233 | 3/4 | Fermage des terres du gouvernement, situées à Bizerte, également réglé pour cinq années, à partir de 1262. |
| 22,000 | » | Saâ de Toubourba pour 1262 : |

Ces 22,000 piastres ont été réglées dans le compte de la Gorfa (habillement de l'armée) pour la même année.

| 22,000 | » | Saâ de Bizerte et de Ras-el-Djebel, affermé par le Bey à Chaban-el-Mokadem pour 1262. |

$\left\{\begin{array}{l} \text{12,000 p. saâ de Toubourba pour 1263.} \\ \text{3,500 p. saâ de Bizerte} \quad\quad id. \\ \text{3,500 p. saâ de Ras-el-Djebel} \quad id. \end{array}\right.$

19,000 »

Ces trois sommes, formant un total de 19,000 piastres, sont entrées dans le compte de la Gorfa, pour la même année, au débit du général Benaïad.

| 212,500 | » | Prix du fermage dit Roboo pour Toubourba, pendant cinq années, à partir de 1262 jusqu'à 1266 inclusivement, à raison de 42,500 piastres par année. |
| 252,500 | » | Prix de fermage de Roboo pour Bizerte, également pour cinq années, de 1262 à 1266 inclusivement, à raison de 50,500 piastres par année. |

Les deux quantités précédentes ont été portées au débit du général Benaïad dans le même compte de la Gorfa.

| 26,265 | » | Somme due par Ras-el-Djebel à la maison du Pacha gouverneur, pour cinq années, à raison de 5,259 piastres par année, et payée par le général Benaïad. |
| 40,000 | » | Produit de la vente des raisins, des figues et des olives provenant des terres à oliviers du gouvernement, compris dans le fermage de 1262, et perçu par Mustapha Samati, agent du Bey, et autres. |

607,446   3/4

Le général Benaïad réclame les mêmes revenus et les mêmes quantités pour les cinq années suivantes, contre son prix de fermage d'un total de 4,000,000 de piastres.

QUESTION. — « § III et IV. — 1° 656,600 piastres de Gerbi.

« Demander à Benaïad la preuve qu'il a déjà été débité. C'est à lui à le prouver.

» 2° 750,000 piastres.

» Benaïad doute qu'il y ait deux reçus, l'un pour 656,600 piastres, l'autre pour 750,000 » piastres.

» En demander la production au Bey. »

Réponse. — Le général Benaïad a été débité de la somme de 656,000 piastres afférente au fermage de Gerbi pour l'année 1267, de la façon et dans les circonstances suivantes :

Un examen plus attentif des pièces et la production de son teskeré par les agents tunisiens lui ont fait reconnaître qu'en effet, malgré les termes absolus du règlement de compte qu'il invoquait, cette somme était représentée entre les mains du gouvernement par le teskeré du général Benaïad, dont il a été parlé.

Tenant à son affirmation qu'il en était débité sur les registres du Bey, ses souvenirs ne le trompaient pas. Seulement, au lieu d'en être débité sur un compte réglé et arrêté, il en est débité sur un compte encore en suspens, mais dont les éléments sont inscrits sur le registre officiel.

Ce compte, c'est celui des produits du fermage de l'Ouatan, de Métallit, etc., concédé au général Benaïad de 1263 à 1270, payé par lui en argent et dont cependant les agents du Bey ont perçu les fruits, tandis que, d'un autre côté, le gouvernement tunisien recevait du général Benaïad le prix du fermage.

Sur ce compte, le général affirme que la somme de 656,000 piastres figure à son débit, comme à son crédit doivent figurer également les sommes suivantes que les agents du Bey ont perçues de 1263 à 1267, et qui par conséquent restent dues au général Benaïad.

Piastres.

| | | |
|---|---|---|
| 700,000 | » | Fermage du droit du quart d'Ouatan, à raison de 140,000 piastres par an. |
| 1,000,000 | » | Revenu d'Ouatan perçu d'abord par Alexandre et ensuite par Mahomet Ali, agents du Bey. |
| 412,411 | » | Revenu de la dîme d'Ouatan qui, dans le compte réglé entre le général Benaïad et le Bey, s'est élevé pour les cinq années susdites à caffis 2,749, 6, 7 évaluées à 150 piastres le caffis. |
| 299,047 | » | Revenu de la dîme d'orge également réglé entre le Bey et le général Benaïad, et montant à caffis 3,987, 4, 9, à raison de 75 piastres le caffis. C'est sur ces revenus qu'est opérée, au débit du général Benaïad, la déduction des 656,600 piastres en question. |
| | | Le surplus devant être porté nécessairement au crédit de ses réclamations. |
| | | En outre le général Benaïad réclame du même chef : |
| 420,000 | » | Piastres, le revenu du quart d'Ouatan de 1268 à 1270 pour trois années, à raison de 140,000 piastres par an. |
| 600,000 | » | Piastres sur le revenu dit *Canoun d'Ouatan*, sur le sel, le cuir et le tabac. Ce revenu se paye en argent, et il a été perçu en totalité de 1268 à 1270 par Mahomet Ali, agent du Bey. |
| 247,500 | » | Piastres, évaluation de la dîme du blé pour l'Ouatan de 1268 à 1270, s'élevant approximativement à 1,650 caffis en totalité, d'après la moyenne des années antérieures. |
| 3,678,958 | » | |
| 170,000 | » | Piastres, dîme de l'orge pour le même fermage et pour les mêmes années, évaluée en moyenne à 2,400 caffis. |
| 3,848,958 | » | |

En outre, pour toutes ces sommes, le général Benaïad réclame les intérêts à 6 pour 0/0 du jour de leur entrée respective.

A ces revendications en numéraire, le général Benaïad ajoute la revendication suivante en huile :

80,000 métaux d'huile, évaluation approximative de la dîme d'Ouatan perçue par Mahomet Ali, agent du Bey, pendant quatre années, de 1267 à 1270.

Cette évaluation est basée sur le produit moyen des années précédentes. Cette revendication, à part l'autorité des amras de concession, est encore justifiée par la lettre suivante du kasnadar adressée à Mahmoud Benaïad :

« Nous avons reçu et compris parfaitement votre lettre. Quant à votre compte, notre Seigneur a
» dit que vous l'aurez quand vous viendrez dimanche. Quant au général Sid Mahomet Aly, Son
» Altesse a ordonné qu'on lui écrivît de vous payer l'huile, et de ne revenir que quand il vous
» aura payé.

» Nous vous envoyons ci-inclus les lettres qui vous sont arrivées de Londres.

» Écrit le 15 djoumad-el-tani 1267.

» *Signé* : MOUSTAPHA, kasnadar. »

Une seule objection serait encore possible après cette dernière preuve; on ne pourrait que prétendre que Mahomet Aly a exécuté les ordres contenus dans cette lettre. Le général Benaïad n'a reçu que de faibles à-compte, d'ailleurs faciles à constater, Mahomet Aly n'ayant pas délivré un seul métal d'huile sans en exiger un reçu.

Quant aux 750,000 piastres, il les reconnaîtra lorsqu'on lui présentera son reçu; et il a de graves raisons pour exiger qu'on le produise.

QUESTION. — « § V. — 154,282 piastres.

» Raffo (dernières notes, § VI) paraît acquiescer.

» Acquiesce-t-il; oui ou non? »

RÉPONSE. — Les agents tunisiens semblent acquiescer de nouveau dans leurs déclarations sur ce point. (*Redressement des questions*, page 32.)

QUESTION. — « § V. — 56,000 piastres. 17 ziledje 1251.

» Demander au Bey la preuve que cette affaire concerne Benaïad.

» Dans tous les cas, consent-il à abandonner les maisons à Benaïad pour 46,000 piastres? »

RÉPONSE. — Rien à dire sur cette question du côté du général Benaïad.

QUESTION. — « § VII. — 1,500,000.

» Benaïad demande à payer 3,000,000 p. pour 1267 et 1268, à la condition de recevoir tous
» les produits que les agents du Bey ont reçus pour son compte.

» Sa prétention est fondée sur l'amra du 2 moharem 1267.

» Demander au Bey ce qu'il a à répondre à cette pièce, qui paraît décisive. »

Réponse. — Réponse regardant les agents du Bey, le général Benaïad étant fort de son titre.

Question. — « § VIII. — 525,000 p. monnaie d'argent.

» Demander au Bey les pièces prouvant que Benaïad a fabriqué.

» Demander à Benaïad la preuve que le change a été au-dessous de 70 c.

» Demander au Bey la preuve que Benaïad avait frauduleusement fait baisser le cours du
» change. »

Réponse. — Le change à Tunis subit des variations perpétuelles et très-considérables. Ces variations ne sont pas seulement profondes, elles se succèdent à des intervalles très–rapprochés ; c'est pour cela que l'amra de concession réservait au général Benaïad la faculté de ne pas exploiter son privilége lorsque le change avait baissé à un certain taux, parce qu'alors il y avait perte à frapper la monnaie. Toutes les fois qu'il y a eu bénéfice, l'intérêt du général Benaïad était évidemment de faire valoir sa concession. Quand au contraire il y avait perte, il suspendait. Il est très-facile de trouver dans le registre de l'hôtel des monnaies que possède le général Benaïad et qu'il produit aux pièces originales, quand l'établissement a travaillé et quand il a chômé. C'est évidemment sur ces données que le compte doit être réglé aux termes de l'amra qui lie les deux parties.

En outre le directeur de la monnaie donnait reçu à Benaïad des matières qu'il recevait de lui pour en faire de la monnaie. Le général Benaïad, de son côté, fournissait reçu au directeur du travail qu'il avait fait pour lui. Sur ces derniers reçus, rien de facile comme de déterminer et la durée, et la date, et la quantité du travail.

Question. — « § IX. — 75,000 monnaie de cuivre.

» Demander à Benaïad la preuve des violences qu'il allègue. »

Réponse. — Ces violences résultent des faits eux-mêmes ; personne ne nie qu'un contrat n'ait été passé entre le Bey et le général Benaïad pour l'exploitation de la monnaie de cuivre ; personne ne nie que ce contrat n'ait été violemment brisé avant son expiration ; personne ne nie que les flans de cuivre, les machines envoyées par le général Benaïad à Tunis, n'aient été saisis et séquestrés ; personne ne nie que le directeur envoyé par le général Benaïad, M. Thomas d'Alvarez, n'ait été contraint de suspendre ses opérations par suite des actes du gouvernement, et ce dernier fait est prouvé par la protestation de M. Thomas d'Alvarez par-devant le consul général de France à Tunis, signifié par huissier au général lui-même, et faisant partie des pièces justificatives, n° 7, de son mémoire intitulé *Réponse du général Benaïad*.

Mais ces faits eux-mêmes ont acquis depuis ce temps-là un caractère d'authenticité judiciaire.

M. Thomas d'Alvarez a intenté un procès au général Benaïad pour être indemnisé de la perte de son temps et de celle de son traitement, s'élevant à 20,000 piastres par mois. Le tribunal de commerce de Paris a prononcé sur cette affaire. Le général Benaïad place ce jugement sous les yeux de la commission : elle y verra que la saisie des flans, celle des machines, la suspension forcée du travail de l'établissement, imputable au gouvernement tunisien, et résultant des pièces produites, sont constatés par le tribunal de commerce et entrent dans les motifs de ses diverses décisions.

Enfin, le fait de la saisie des divers objets mentionnés est constaté par la déclaration suivante contenue dans le procès-verbal de M. le consul général de France à Tunis en date du 25 septembre dernier.

« Nous étant rendu aujourd'hui auprès de S. E. Mustapha, kasnadar, ministre de l'intérieur et » des finances de S. A. le Bey de Tunis, et lui ayant demandé par l'organe de M. Alphonse » Rousseau, premier interprète du consulat général de France, *si le gouvernement tunisien s'était* » *emparé des presses et autres ustensiles se trouvant à l'hôtel de la Monnaie et étant la propriété du* » *général Mahmoud Benaïad*, ce ministre a fait la réponse suivante :

» Je ne puis reconnaître personne comme propriétaire des presses et ustensiles destinés à faire la » monnaie et se trouvant dans l'hôtel de la Monnaie. *Le gouvernement de Son Altesse a donc tout* » *pris, et si le général Benaïad a acheté de ses deniers quelques-unes de ces presses et ustensiles, il* » *n'a qu'à en représenter la facture, et on lui en tiendra compte.* »

Ce compte, la commission n'a donc plus qu'à le dresser.

Ce procès-verbal est joint aux pièces originales.

Question. — « § X. — 91,666 piastres. Mines de plomb.

» L'acte est produit par le Bey, fin sfar 1267.
» Demander au Bey la preuve que Benaïad a adhéré à cet acte.
» Demander à Benaïad comment cet acte, qui sans doute a été publié, lui est inconnu. »

Réponse. — Le général Benaïad a en effet entendu pour la première fois parler d'un amra l'obligeant à payer un fermage pour mines de plomb de 91,666 piastres pour sa moitié, lorsqu'il a connu la prétention des agents tunisiens.

Le seul amra qui existe sur une affaire analogue est celui-ci, dont l'original sera placé sous les yeux de la commission impériale.


## LOUANGE A DIEU !

« Notre présente ordonnance est entre les mains des illustres fidèles, notre fils le vizir Moustapha, » kasnadar, et son associé, notre fils Mahmoud Benaïad, général de brigade. Nous les avons auto- » risés à faire des recherches de mines dans notre régence, que Dieu la protège ! et s'ils trouvent » une mine de plomb, de fer ou de charbon de terre, ils l'exploiteront pendant vingt années, » moyennant une redevance annuelle de cent mille piastres, qu'ils payeront au gouvernement » pendant une période de vingt années. A l'expiration des susdites vingt années, la mine appar- » tiendra au gouvernement ; nous l'affermerons à qui bon nous semblera, et ils n'auront plus le » droit de l'exploiter. S'ils trouvent une mine de cuivre, ils l'exploiteront pendant vingt années égale- » ment, moyennant une redevance annuelle de cinq cent mille piastres tunisiennes, qu'ils payeront » au gouvernement pendant la période de vingt années susdites, après l'expiration desquelles la

» mine retournera au gouvernement. Il en sera de même pour la mine de cuivre située à Gerissa ;
» s'ils veulent l'affermer, nous la leur affermerons pour vingt années, moyennant cinq cent mille
» piastres par an, et s'ils veulent affermer la mine de plomb actuellement découverte chez nous,
» nous la leur affermerons pendant vingt ans, moyennant une redevance de deux cent mille pias-
» tres pour chacune des vingt années susdites ; et à l'expiration du fermage ils seront, ainsi que
» nous, libres de tout engagement.

» Les vingt années commenceront à partir de la mise en exploitation du minerai.

» Nous leur devons à cet égard secours et protection, car cette entreprise est utile à notre
» régence, et donne de la force à son commerce. Si nous achetons de ce minerai, nous le payerons
» comme tout le monde, sans rabais.

» Nous avons écrit et signé cette ordonnance, qui doit avoir son plein et entier effet, sans que
» nous puissions l'annuler ni la résilier après l'avoir donnée.

» Écrit le 20 djoumad-el-aoual 1263.

» *Signé* : AMMED PACHA, Bey, possesseur du royaume de Tunis. »

Jamais aucune mine de plomb n'a été exploitée par le général Benaïad, qui fait d'ailleurs un appel direct à la conscience du kasnadar, son associé dans cette affaire, pour prouver la non-exploitation.

Cependant les agents tunisiens parlent de la concession de la mine de plomb de Djebba comme celle pour laquelle ils réclament cette somme.

Comment le général Benaïad serait-il entré en jouissance de cette concession, puisque le Bey n'a pas cessé de faire exploiter ladite mine pour son propre compte ? D'ailleurs, si les agents du Bey eussent livré cette mine au kasnadar et au général Benaïad, ils auraient exigé d'eux un reçu des objets livrés, tels que plomb, machines, ustensiles, etc., comme cela se trouve stipulé dans l'amra du Bey et comme cela se pratique dans ces sortes d'affaires. Si on a ce reçu signé du kasnadar et du général Benaïad, qu'on le produise.

La somme de 91,666 piastres, portée par les agents tunisiens comme formant la moitié de la redevance annuelle pour la mine de plomb, est erronée ; car l'amra du Bey porte, comme on l'a vu ci-dessus, que *s'ils* ( le kasnadar et le général Benaïad ) *veulent affermer la mine de plomb déjà découverte chez nous*, c'est-à-dire à Djebba, car il n'y avait pas d'autre endroit où il y eût une mine découverte et où le Bey fît déjà exploiter pour son compte, *nous la leur affermerons moyennant une redevance annuelle de deux cent mille piastres*, et non de 100,000 piastres.

Le général ajoute que l'exploitation d'une mine de plomb ne peut jamais être secrète, puisqu'elle exige un personnel nombreux, des usines, des bocards, un matériel immense, l'exploitation et la vente du plomb, enfin toute une administration avec des comptes de dépenses et de recettes.

Eh bien ! si le général Benaïad était réellement concessionnaire de cette mine, ainsi que le prétendent faussement les agents tunisiens, tout ce que nous venons d'énumérer doit exister ; et puisque Son Excellence le kasnadar est l'associé du général Benaïad, il lui serait très-facile de prouver l'assertion des agents tunisiens, si elle était fondée, en produisant au moins un livre constatant cette exploitation par des comptes de dépenses et de recettes avec l'indication du salaire des ouvriers, du prix des machines, du charbon, de la poudre, des ustensiles et des mille objets nécessaires à une pareille entreprise, qui tous doivent être inscrits sur les registres.

Le général Benaïad défie le kasnadar de produire un pareil livre, qu'il devrait pourtant avoir comme son associé.

Puisque le kasnadar prétend avoir payé sa part de fermage s'élevant, disent les agents tunisiens, à 91,666 piastres, le général lui répond que, pour avoir payé une pareille somme, il a dû se faire rendre compte de l'état de l'exploitation, tant pour les dépenses que pour les recettes; et que lui, Benaïad, étant son associé, il a incontestablement le droit de lui demander ce même compte et la justification de tout ce qu'il contient. Mais le kasnadar est dans l'impossibilité absolue de montrer quoi que ce soit prouvant l'exploitation de la mine en question, attendu que cette exploitation n'a jamais existé.

La réclamation des agents tunisiens pour prix du fermage de la mine de plomb comprend un an et dix mois. « *Cette exploitation, disent-ils, durait déjà depuis un an et dix mois, lorsqu'eut lieu la* » *rupture du contrat par la fuite de M. Benaïad.* »

Le général Benaïad a déjà répondu que si son voyage en France était une fuite, cette fuite était publique et annoncée d'avance au gouvernement, puisqu'il ne s'est mis en route en chaban 1268 que du consentement du Bey, avec son passe-port parfaitement en règle et sur un navire du Bey.

Or, de sfar 1267, date de l'ordonnance citée par les agents tunisiens, à chaban 1268, jour du départ du général Benaïad, il n'y a qu'un an et cinq mois, et non un an et dix mois, selon le calcul erroné des agents tunisiens. Comment se fait-il que le kasnadar, qui, si cette exploitation eût existé, en aurait eu seul la jouissance, du moins pendant ces cinq mois, veuille faire supporter au général Benaïad partie des charges de ces cinq mois, quand lui kasnadar en a perçu seul les profits? Évidemment tout cela est encore une fiction.

Les agents tunisiens prétendent qu'en entrant en jouissance de la ferme du Minerai, Hamida Benaïad, neveu du général, a donné un reçu des machines, des usines et de tout un matériel appartenant au gouvernement.

Pour détruire cette assertion, le général Benaïad n'a qu'un mot à répondre; c'est qu'il était à Tunis à la date de l'amra, et que lui-même et le kasnadar, et non Hamida Benaïad, avaient seuls qualité pour donner ce reçu.

Voici d'ailleurs comment les choses se sont passées dès l'origine de l'affaire en question :

En 1266, le général Benaïad vint pour la première fois en France, d'où il ramena à Tunis M. l'ingénieur Courte-Épée accompagné de quatre autres personnes. Alors, en vertu du contrat précité qui les autorisait à faire des recherches de minerai dans la régence, le kasnadar et le général Benaïad chargèrent M. Courte-Épée de cette opération en lui adjoignant Hamida Benaïad. Dans le cours des recherches, on arriva à Djebba, où se trouve la mine de plomb, et après un long et mûr examen, M. Courte-Épée déclara que la mine ne valait absolument rien et qu'il y aurait perte à l'exploiter; après quoi il quitta Djebba avec ses quatre compagnons et Hamida Benaïad, pour se livrer, mais inutilement, pendant deux années à de nouvelles explorations dans toute la régence.

Si la mine de Djebba eût été bonne, tout naturellement M. Courte-Épée y serait resté afin d'organiser l'exploitation, tandis qu'il n'y a séjourné que huit jours.

Est-ce que pour avoir fait examiner pendant huit jours par un ingénieur ce gisement, comme l'y autorisait son amra, le général Benaïad doit payer l'énorme somme de 91,666 piastres?

Une preuve sans réplique contre les prétentions des agents tunisiens se trouve dans une lettre adressée par le kasnadar au général Benaïad, à Paris, en date du 2 chaoual 1268.

EXTRAIT :

« *Que Dieu protége l'illustre et très-cher Sid Mahmoud Benaïad, général de brigade!*

» *M. Benoît se rend auprès de vous pour l'affaire du minerai, car en cela il est plus compétent qu'un* » *autre. Mais vous savez qu'avant de conclure là-dessus, il est nécessaire de consulter notre Seigneur,* » *de même que pour l'affaire de la monnaie.* »

Cette lettre constate qu'à la date du 2 chaoual 1268 aucun contrat n'était passé avec le Bey au sujet du minerai, et que l'examen des questions qui s'y rattachaient n'était pas même terminé. Or, de fin sfar 1267, date de l'acte produit par le Bey, au 2 chaoual 1268, date de la lettre du kasnadar, il y a huit mois. Comment se fait-il donc que le kasnadar ait payé ces huit mois au Bey pour un marché qui n'existait pas, comme le prouve sa signature, marché dont le général Benaïad ne connaît l'existence que par la déclaration des agents tunisiens!

Il est bon de remarquer que pendant ces deux années d'exploration dans la régence pour y découvrir du minerai le général Benaïad a dépensé plus de 150,000 piastres; et, attendu que Son Excellence le kasnadar est son associé, doit-il lui réclamer la moitié de cette somme?

Quel est donc le but des réclamations non fondées des agents tunisiens sur ce point? Ce but, nous allons le montrer. Ils savent que le général Benaïad est possesseur de l'amra en vertu duquel ont été faites les fouilles et les recherches coûteuses du minerai, et comme le gouvernement tunisien voudrait échapper aux conséquences de ce contrat, il réclame 91,666 piastres sans le moindre fondement, espérant faire renoncer le général aux droits que cet acte consacre.

. Mais les agents tunisiens se trompent s'ils pensent que l'amra du Bey sera une lettre morte entre les mains du général Benaïad. Ce contrat de concession pour la recherche du minerai dans toute la régence de Tunis est bon et valable, comme tous les autres contrats. Aussi le général Benaïad, pour se couvrir de toutes les sommes qu'il a déjà dépensées dans cette affaire, a la prétention de jouir de sa concession et d'en tirer parti si c'est possible.

Il prétend aussi maintenir le contrat par lequel le gouvernement tunisien lui a concédé l'autorisation d'établir un chemin de fer dans la régence de Tunis, contrat dont l'original est produit à la Commission.

QUESTION. — « § XI. 840,000 piastres. Apalte de la Rabta, de l'Alfa, de la Koucha pour 1256, 1257 et 1258.

» Demander à Benaïad le teskeré du 1er ramadan 1264 (non produit), dont le premier article » porterait à son débit le solde du compte de son père pour 1256, 1257, 1258.

» Demander au Bey en quoi seraient falsifiées les pièces 27 et 28 de la production de Benaïad, » ou demander au Bey en quoi consistent les erreurs ou les falsifications des arrêtés des comptes, » pièces 27, 28 et 34. »

RÉPONSE. — Le teskeré du 1er ramadan 1264 réclamé par la commission fait partie, sous le n° 35, des pièces justificatives du mémoire n° 2 intitulé *Réponse du général Benaïad à la note tunisienne,* etc. Ce teskeré est le second des trois qu'a fournis le général Benaïad pour la justification du règlement de son compte de l'Alfa de 1256 à 1266. Si par sa réclamation nouvelle la Commission entend demander l'original de ce teskeré, le général Benaïad répond qu'il sera joint aux autres originaux.

Ce teskeré ne peut point, comme on semble le penser, offrir la preuve que le solde du compte de 1256 à 1259 a été porté sur le compte suivant, par la raison qu'il ne contient pas les détails du compte en lui-même, qu'il n'en exprime que les résultats, c'est-à-dire la somme totale des recettes, celle des versements et la balance.

L'erreur provient d'une interprétation mal donnée aux explications suivantes du général Benaïad sur ce point :

« En 1260, le général Mahmoud Benaïad remplace son père dans la direction de l'Alfa. Le » débit de ce dernier est le premier article figurant sur le livre du Bey au compte du fils *réglé par* » *teskeré du 1er ramadan 1264* : le gouvernement tunisien ne le niera pas, il ne peut pas. » (*Réponse du général Benaïad*, etc., page 35.)

La commission paraît avoir mal compris le sens des paroles qui viennent d'être soulignées ; elle semble en conclure que le teskeré du 1er ramadan 1264 porte non-seulement le règlement définitif du compte ainsi que nous l'avons décrit, mais encore la copie de tous les détails de ce même compte. C'est là qu'est l'erreur. Le compte en question, comme tous les autres, soit en blé, soit en orge, a été réglé par un teskeré portant les résultats généraux comme il a été dit, les détails en restant consignés sur le registre du palais.

Le général Benaïad n'a pas eu pour ses livres de l'Alfa le même bonheur que pour ceux de la Rabta ; par conséquent il ne possède point la copie détaillée des comptes de l'Alfa.

Mais le général Benaïad fait observer que la preuve du fait contesté ne peut point le regarder. Ce n'est point à lui de la faire ; il possède et présente les règlements successifs et réguliers du gouvernement avec leurs soldes respectifs, et desquels il résulte qu'en fin de compte le général Benaïad reste débiteur de 5,160 caffis et 2 saâs. A ces comptes arrêtés les agents tunisiens prétendent ajouter rétrospectivement une somme de 13,837 caffis, qu'ils disent n'avoir pas été transportée d'un compte sur un autre. Or, ce solde de 13,837 caffis n'est pas autre chose que l'arriéré sur les agriculteurs en 1260, passé aux comptes suivants, conformément à l'usage constant de la comptabilité tunisienne.

Toutefois, si le général Benaïad ne peut pas prouver, au moyen de la production du compte objet de ce débat, son assertion que les arriérés de toute espèce de chaque compte étaient exactement et invariablement portés dans le compte suivant, il peut le prouver par induction et similitude. Ainsi il a soumis à la commission la copie fidèle de trois de ses comptes de blé embrassant une période de neuf ans. Dans ces comptes sont uniformément portés, articles 35, 36, 37, 38, 40 du premier, article 25 du second, articles 41 et 42 du troisième, les soldes dus soit par l'effet de la différence entre la recette et les dépenses, soit par l'effet des arriérés restant sur les agriculteurs.

Est-il supposable que cet usage constant de la comptabilité tunisienne ait été négligé dans un des comptes de l'Alfa et oublié justement pour une quantité aussi considérable que 13,837 caffis, qui certes ne formaient pas un chiffre qui pût échapper facilement aux regards et aux vérifications des écrivains du Bey ?

Le général Benaïad ne peut donc que persister à affirmer que tous les arriérés des comptes de son père, soit en blé, soit en orge, ont été exactement portés au débit de son propre compte ; qu'il est d'ailleurs impossible qu'il en soit autrement.

Question. — « § XII. 280,000 apalte pour 1268; 130,000 Gerbi.

» Demander soit au Bey, soit à Benaïad l'acte constitutif de l'apalte.

» Demander au Bey ce qu'il oppose à Benaïad demandant que, pour l'année 1268, on com-
» prenne tous les fermages et tous les produits, comme pour les années antérieures.

» Demander soit au Bey, soit à Benaïad de nouvelles explications sur les expressions douteuses
» des comptes.

» Demander s'il y a accord sur ce chef, comme paraît l'indiquer clairement la dernière note de
» Raffo, § XI. »

Réponse. — L'acte constitutif de ces apaltes n'a pas été délivré au général Benaïad. C'était ainsi que les choses s'étaient passées pour la prolongation des trois années précédentes. L'apalte avait été verbal, et avait été reconnu officiellement en réglant le compte. Mais il y a des preuves nombreuses de son exécution. D'abord le général Benaïad en a joui sans contestation en 1268; ensuite le général Benaïad a déjà cité, page 14, une lettre que lui écrivait à Paris, le 24 rebi-el-aoual 1269, le kasnadar, lui donnant des délégations sur divers de ces fermages en compensation d'une somme de 642,500 piastres qu'il lui payait. Dans ces délégations, le fermage de Gerbi est compris pour son prix précédent, 200,000 piastres, et cette délégation est régularisée par un amra du Bey joint aux pièces originales, portant que le fermage de Gerbi continue à rester au général Benaïad, ainsi que la Rabta, la Koucha, l'Alfa, etc.

Les agents tunisiens réclament le prix de fermage pour 1269; par conséquent ils reconnaissent la continuation de ces fermages.

Comme tous les apaltes dont nous avons parlé ont toujours formé entre le général Benaïad et le Bey un seul et même contrat ou bail de trois en trois années, il est évident qu'il a été prolongé pour les trois dernières années sur le tout.

Le général Benaïad a déjà dit qu'il devait tenir compte de ces fermages, hors celui de Gerbi, soldé de la façon qu'il vient de dire, et en échange le gouvernement tunisien lui doit compte des fruits de ces fermages qu'il a perçus lui-même.

Question. — « § XIII. 543,109 piastres, apalte des terres du gouvernement.

» Demander à Benaïad le teskeré du 19 rebi-el-aoual 1267 (non produit). »

Réponse. — La commission suppose évidemment, d'après le sens de la question, que ce teskeré est une pièce isolée ayant trait seulement au fermage des terres du gouvernement. C'est une erreur causée par le manque d'explications suffisantes dans le mémoire du général Benaïad, intitulé : *Réponse, etc.*

Le teskeré invoqué comme donnant quittance du solde du fermage des terres jusqu'en 1266 inclusivement fait partie des règlements de compte balancés et soldés par le mandat au porteur sur la ferme des cuirs entre les mains de MM. Périer frères.

En effet, le second de ces comptes, inséré dans la *Note réfutative* du général Benaïad, pièce justificative, n° 2, porte au débit de ce dernier la somme suivante au second article des recettes mises à la charge du général Benaïad.

« *Produit des terres du gouvernement et des casernes en dehors des revenus de ces terres cédées à*
» *d'autres personnes :* 112,991 *piastres.* »

En outre, le général Benaïad joint aux pièces le livre contenant le compte sur les terres du gouvernement et des casernes article par article, comme il est dit dans le teskeré sus-énoncé.

Question. — « § XIV. 300,000 piastres. Marchandises de Londres.

« Demander à Benaïad le titre constatant l'abandon à lui fait.

» Demander ce même titre au Bey.

» Demander à Benaïad les lettres entières du kasnadar qu'il invoque. »

Réponse. — Il n'y a pas de titre spécial constatant la transaction intervenue entre S. A. le Bey et le général Benaïad pour l'abandon des marchandises de Londres en faveur de ce dernier contre le payement des frais à sa charge.

Cette transaction a été faite verbalement en présence de nombreux témoins, des ministres et des principaux courtisans du Bey, et elle a été exécutée.

Le fait de la transaction et le fait de l'exécution sont tous les deux prouvés par les extraits des lettres du kasnadar cités au Mémoire du général Benaïad. (*Première réponse du général Benaïad, etc., page 39.* )

L'original de ces lettres est également joint aux titres originaux.

Comme ces lettres portent des sujets tout à fait étrangers à l'affaire des marchandises, le général Benaïad en donne ici la traduction exclusivement, mais entièrement en ce qui concerne ce point.

*Première lettre du kasnadar, en date du 21 sfar 1269, adressée au général Benaïad, à Paris.*

« Quant au nolis du paquebot à vapeur qui a transporté les marchandises à Londres, pourquoi
» vous refusez-vous à le payer, lorsque vous avez pris et disposé de toutes les marchandises, à la
» charge par vous de payer tous les frais de transport et autres dépenses? Souvenez-vous donc de
» votre parole, et n'oubliez pas cela, car *cette convention a eu lieu à la Mahomédie, en présence*
» *de notre Maître et de sa suite la plus intime.* Lorsque vous étiez à Tunis, vous ne parliez pas
» ainsi. En résumé, demandez plutôt au chevalier Mercier, ainsi qu'à nous, un délai de quelque
» temps, sans faire de cela une affaire et sans refuser de payer. Car comment refuseriez-vous de
» payer, surtout dans un semblable moment et dans une pareille situation? Nous avons écrit au
» chevalier Pastré de toucher *de vous sans faute* ladite nolisation, et nous avons porté cela à la con-
» naissance de notre Maître ; il dit qu'il ne reconnaît ni nolisation ni frais ; *que vous avez pris les*
» *marchandises en sa présence* en vous chargeant de tous les frais, quelque grands ou quelque
» minimes qu'ils soient. »

*Deuxième lettre du kasnadar, adressée au général Benaïad, à Paris, en date du 27 rebi-el-aoual 1269.*

« Quant aux frais du bateau à vapeur qui a transporté les marchandises à Londres, je demande
» quel est le motif qui vous empêche de les payer, *lorsque vous vous êtes chargé, en présence de*
» *notre Maître et de sa suite, de tous les frais d'aller et de retour,* en raison de l'abandon qui vous
» a été fait desdites marchandises.

» Par conséquent, ne dites pas que vous ne voulez pas payer ces frais, quoique vous soyez dans

» un pays étranger. Nous avons écrit au chevalier Pastré pour l'informer que nous vous avons écrit
» de nouveau au sujet de cette nolisation, et que vous la lui payerez sans retard après la réception
» de notre présente lettre. Votre refus d'effectuer ce payement dès le principe n'avait pas de
» motif. »

Le général Benaïad rappelle que cette discussion roulait uniquement sur le fret des marchandises envoyées à Londres, dépense que le Bey prétendait inclure dans les conditions de l'abandon, et sur laquelle il a passé condamnation en payant MM. Pastré frères. (*Note réfutative du général Benaïad, etc., page* 39.)

Question. — « § XV. 10,853 piastres, huile d'Ouatan.

» Demander à Benaïad le teskeré du 3 djoumad-el-tani 1262 (non produit). »

Réponse. — Dans la réponse du général Benaïad à cette réclamation, *État des questions*, page 37, il y a une légère erreur de date à rectifier. Le général a répondu que cette somme était entrée dans le compte du 3 djoumad-el-tani 1262. Cette date, quant au mois et au jour, est une erreur de copiste ou d'impression. L'amra qui porte au débit du général Benaïad la totalité du fermage du saâ d'Ouatan pour 1260 est du 9 keda 1262, et il embrasse le règlement de soixante-dix fermages. Dans leur nombre figure le fermage du saâ d'Ouatan pour les six années et les sommes suivantés :

| | | |
|---|---|---|
| Fermage du saâ d'Ouatan pour l'an 1256. . . . . . . | 120,000 | piastres. |
| *Idem* 1257. . . . . . . | 185,000 | » |
| *Idem* 1258. . . . . . . | 150,000 | » |
| *Idem* 1259. . . . . . . | 65,000 | » |
| *Idem* 1260. . . . . . . | 80,000 | » |
| *Idem* 1261. . . . . . . | 30,000 | » |

Ainsi le saâ d'Ouatan pour 1260 a été bien réellement payé. Toutefois les agents tunisiens présenteront peut-être encore une objection. Ils prétendront qu'il s'agit d'un solde, et que rien ne prouve que la somme portée de 80,000 piastres constituât la totalité du prix du fermage.

A cela le général Benaïad répond par la quittance générale et absolue qui lui a été donnée au bas de ce compte pour les soixante-dix fermages, sous la signature du Bey, dans les termes suivants :

« Notre illustre fils le général Mahmoud Benaïad *a payé la redevance des soixante-dix affermages* » *stipulés dans les soixante-dix articles à la droite du présent*, pour *différentes époques également* » *indiquées. Le général Benaïad s'en est acquitté* ENTIÈREMENT, *et tout ce qui pourrait paraître de teskerés ou reçus y relatifs restera sans valeur après cet écrit* (1). »

L'original de l'amra et du compte du 9 keda 1262 sera, conformément à l'ordre de la commission, annexé aux pièces originales qui sont demandées au général Benaïad.

_______

(1) Cette quittance générale est produite dans le mémoire n° 2 (*Réponse du général Benaïad*, etc.), sous le n° 25 des pièces justificatives, à propos de la discussion relative à l'apalte des terres du gouvernement et des casernes faisant également partie de ce compte de soixante-dix fermages.

Question. — « § XVI et XVII. 323,254 piastres, marbre, briques, escompte.

»                        500,987   *Id.*    bois de construction, fusils.

» Demander au Bey la preuve que Benaïad était mandataire, agent, et non fournisseur.

» Demander la preuve de l'escompte de 40 pour 0/0.

» Demander au Bey s'il y a eu acceptation par ses agents du prix des fournitures de Benaïad.

» Demander à Benaïad les preuves contraires. »


### MARBRES, BRIQUES, ESCOMPTE.

Réponse. — Rien de plus clair et de plus simple que cette affaire. En effet, si ces achats avaient été faits au nom et pour le compte du gouvernement, le Bey eût été obligé d'en donner l'ordre, et tous les chargements de marbre expédiés de Livourne auraient été nécessairement remis entre les mains du Bey et déposés dans ses magasins. De plus, la nolisation des navires, le prix de l'assurance maritime et les frais de conversion des piastres en francs auraient été à la charge du Bey, à qui il eût fallu une comptabilité spéciale pour cette affaire. Dans ce cas, le gouvernement tunisien aurait des livres, des titres, des quittances constatant la nature de ses opérations et la vérité de ses dires. Mais le général Benaïad lui porte le défi de produire un livre, une quittance, le moindre titre enfin prouvant que Benaïad faisait ces achats au nom et pour le compte du Bey. Cependant dans une opération de cette nature les détails sont si nombreux et si divers, que le gouvernement tunisien doit avoir cent fois tort pour ne pouvoir fournir la preuve demandée dans un seul de ces détails.

En effet, Son Altesse eût été obligée de payer les marbres, de négocier des traites sur Livourne, de les passer à son ordre et de les porter ensuite sur son registre. Le prix de ces traites, loin d'être uniforme, suivait les variations du change. D'ailleurs le prix des marchandises était différent pour chaque chargement. Et si nous supposons que le général Benaïad faisait ces achats au nom et pour le compte du Bey, ce dernier aurait dû nécessairement régler son compte en conséquence, d'après toutes les formalités usitées en pareil cas, déposer, comme nous l'avons dit, les marchandises dans ses magasins; et la casse, et toute espèce d'avarie de ces marchandises eussent été nécessairement à sa charge.

Or, nous prions les agents tunisiens de dire où sont les magasins du Bey, le nom des personnes qui recevaient les marbres, et dans quel compte le gouvernement les a fait entrer en réglant à cet égard avec le général Benaïad; nous demandons de quelle manière on a tenu compte au général Benaïad de la casse et des autres avaries survenues à ces marchandises; avec qui celui-ci a négocié les traites sur Livourne et quel a été le prix très-variable de la négociation de ces traites. Voilà des questions claires et précises auxquelles les agents tunisiens ne répondront point. Ils trouvent plus commode de répéter comme neuves dans de nouveaux mémoires des objections déjà plusieurs fois victorieusement réfutées. C'est ainsi que, malgré ses réponses sur ce point, on essaye encore de transformer le général Benaïad en agent, en comptable du gouvernement tunisien, dans les achats de marbre, pour nous forcer à répéter ce que personne n'ignore dans la régence, qu'il était spéculateur, fournisseur et marchand, et nullement comptable. Cela est si vrai, qu'en ce moment même il a encore dans ses magasins pour plus de 200,000 francs de marbre et pour un million de bois de construction. Sous le règne de Hussein-Bey, l'un des prédécesseurs d'Ahmed Pacha-Bey, les opérations de Mahmoud Benaïad sur les huiles avaient déjà pris un tel développement que les négociants étrangers établis à Tunis s'en alarmèrent, et réclamèrent à cet égard l'intervention de leurs légations respectives, attendu que leurs capitaux ne pouvaient pas soutenir la concurrence contre ceux du général Benaïad.

Disons maintenant comment les choses se sont passées dans l'affaire des marbres.

Il se trouve à Tunis un négociant nommé Rahmin Khalfoun qui, depuis plus de vingt-cinq ans, fait le commerce du marbre avec toute la régence. Comme il éprouvait quelque gêne dans ses affaires, il s'adressa au général Benaïad, qui, moyennant une commandite de 40,000 piastres, devint son associé sous la raison sociale Clément Khalfoun et C<sup>ie</sup>.

Chaque fois que le Bey désirait des marbres, il s'adressait directement audit Khalfoun, débattant avec lui à forfait les prix de toutes les fournitures dont le gouvernement avait besoin, et c'est d'après ces prix à forfait, débattus et consentis de part et d'autre, que Khalfoun livrait au Bey les marbres demandés contre des mandats signés de Son Altesse, qui ne pouvait pas payer en argent comptant.

Après avoir réuni un certain nombre de ces mandats, Khalfoun en réglait le compte avec le général Benaïad, son associé, qui, prenant lesdits mandats, en réglait de son côté le compte avec le Bey. Dans cette opération, les mandats en question étaient tous inscrits en détail sur un registre que le Bey signait lui-même et sur lequel il apposait son cachet. Ce registre, le général Benaïad le possède, et il le produit devant la Commission impériale.

Une nouvelle preuve que le Bey achetait des marbres de Khalfoun et C<sup>ie</sup> se trouve dans le mandat du Bey sur le général Benaïad au nom d'Otman, portier principal du palais, pour la somme de 9,888 piastres, prix du marbre acheté de Khalfoun par le Bey lui-même, pour son palais de la Mahomédie. Cet achat est constaté par le compte signé de Son Altesse, en date du 3 djoumad-el-tani 1262, et portant ledit mandat tel que nous le présentons ici.

Il est à remarquer que le Bey faisait quelquefois ses achats de marbre chez un autre négociant nommé Dbach, et qu'il tirait toujours les teskerés ou mandats de fournitures sur le général Benaïad, pour le motif que nous avons donné plus haut, c'est-à-dire l'impossibilité où se trouvait Son Altesse de payer comptant.

Tel est l'historique de ces comptes de marbre.

Le général Benaïad est donc fort étonné de voir les agents tunisiens lui faire des réclamations à ce sujet, d'autant plus que M. le comte Raffo lui-même sait parfaitement bien que l'intervention du général Benaïad dans cette affaire n'est autre que celle d'un banquier, d'un négociant faisant des avances au gouvernement. Tout s'y est passé comme pour M. le comte Raffo, qui, après avoir acheté chez ledit Khalfoun du marbre, obtint du Bey qu'il lui fît don du prix de cet achat, et en conséquence Son Altesse tira en l'acquit de M. le comte Raffo un mandat sur le général Benaïad, que celui-ci paya à Khalfoun. Cela est prouvé par le mandat du Bey, porté sur le livre produit, au nom de M. le comte Raffo pour la somme des 18,592 piastres dont il a été gratifié. M. le comte Raffo ne peut pas nier avoir acheté ce marbre à Khalfoun et C<sup>ie</sup>, et il ne peut pas plus nier que cette somme ait été payée à sa décharge par le général Benaïad, sur l'ordre et pour compte du Bey.

Malgré la persuasion où il est que ces explications sont plus que suffisantes, le général Benaïad joint aux pièces originales, la copie de son dernier compte avec Khalfoun et son fils, dans lequel il est dit en toutes lettres que le Bey a acheté les marbres audit Khalfoun.

On voit dans ce compte que Khalfoun et son fils restaient débiteurs du général Benaïad pour la somme de 40,000 piastres, représentant la mise de fonds de celui-ci dans l'association, et qu'on attendait de Livourne un navire chargé de marbre.

Si ces achats faits à Livourne avaient été pour le compte du gouvernement, le Bey aurait été premièrement tenu de payer la somme due par Khalfoun pour le prix du marbre attendu de Livourne et payé des deniers du général Benaïad; en second lieu, le Bey aurait été obligé de se mettre au lieu et place du général Benaïad dans son association avec Khalfoun, pour obtenir des marbres à prix coûtant.

Voici une lettre du Bey lui-même, où il insiste avec instance auprès du général Benaïad pour qu'il fasse des fournitures de marbre, de soieries, etc., contre ses teskerés :

« Nous vous informons que le château que nous faisons bâtir actuellement à la Mahomédie est
» terminé; il n'y manque que les objets pour lesquels nous vous avons livré nos teskerés, et qui
» sont tout à fait indispensables, tels que les *marbres*, les soieries, les tapisseries et autres articles
» absolument nécessaires. Tous ces travaux se trouvent maintenant arrêtés par suite de votre
» négligence.

» Je sais bien que, quel que soit l'objet qui vous sera demandé par moi personnellement, vous
» vous empresserez de le fournir, fût-ce même de vos propres deniers.

» *Quant à ces fournitures, vous les porterez en compte, et vous en toucherez le prix.*

» Ces affaires m'ont causé quelque contrariété.

» Je vous salue.

» Signé : AHMED PACHA, Bey.

» Écrit le 4 moharem 1268. »

Après la production de cette lettre, il est inutile d'insister pour prouver que le général Benaïad était bien le fournisseur et non le mandataire du Bey.

Les agents tunisiens croient faire beaucoup en faveur de leur thèse quand ils déclarent que le général Benaïad achetait pour ses besoins personnels des marbres à des prix bien inférieurs à ceux que lui payait le gouvernement.

Cependant cette différence de prix est toute rationnelle et s'explique d'elle-même, puisqu'il est constaté que le général Benaïad était l'associé de Khalfoun, en raison de sa mise de fonds de 40,000 piastres, sans compter qu'il avait à sa charge le prix du transport de Livourne à Tunis; il devait donc recevoir les marbres à prix coûtant, ne pouvant raisonnablement faire un bénéfice sur lui-même.

D'ailleurs le Bey ne payant qu'après cinq ou six années les objets qu'il achetait; la différence du prix de vente avec le prix de revient n'était pour le général Benaïad que le légitime dédommagement de ses avances, des frais de change et des chances de pertes qu'il courait, surtout si l'on considère que dans la régence de Tunis le taux ordinaire de l'intérêt est de 12 pour 100.

Une circonstance digne de remarque, c'est que la totalité des marbres achetés à Khalfoun et payés par le général Benaïad ne s'élève pas en total à 500,000 piastres, y compris l'affaire des briques, et sur cette somme les agents tunisiens réclament une remise de 323,251 piastres.

Quant à l'affaire de *Zélise,* que les agents tunisiens présentent sous le nom de *briques,* elle est absolument dans le même cas et dans les mêmes conditions que celles du marbre; car cette espèce de marchandise vient de Naples, et c'étaient MM. Khalfoun et C<sup>ie</sup> qui la fournissaient au gouvernement tunisien de la manière expliquée ci-dessus.

# BOIS DE CONSTRUCTION, FUSILS.

500,987 piastres. Bois de construction, fusils.

Le général Benaïad a eu pour dix années l'affermage des forêts de Tabarka, moyennant une redevance annuelle de 100,000 piastres, et pendant toute la durée de son contrat, il a vendu au Bey le bois de cette provenance à raison de sept piastres le pied cube. Il faisait aussi venir d'Europe des bois de construction qu'il vendait également au Bey pour le même prix.

Maintenant les agents tunisiens viennent réclamer une diminution sur le prix du bois de provenance européenne, comme s'il était inférieur en qualité au bois de Tabarka.

Cette prétention n'est pas même digne d'être discutée, attendu que, parmi les gens qui s'occupent du commerce ou de l'emploi des bois de construction, personne n'ignore que le bois d'Europe, toujours parfaitement débité et équarri, est supérieur et préféré au bois de Tabarka, qui se vend pour ainsi dire brut et sans être préparé. Cela est si vrai, que feu le Bey a souvent exigé qu'au lieu de bois de Tabarka on lui livrât du bois d'Europe.

D'ailleurs, dans tous les comptes de bois de construction passés pendant dix années entre le Bey et le général Benaïad, jamais il n'a été fait de distinction entre le bois de l'une ou de l'autre provenance; le prix pour les bois de Tabarka et pour les bois d'Europe a toujours été uniforme et uniformément accepté et réglé par le Bey pendant toute la durée du contrat. Il est insoutenable de voir revenir des contestations sur un pareil compte réglé, approuvé et signé à plusieurs reprises par le souverain lui-même; comment, d'ailleurs, serait-il possible de le refaire, puisque les teskerés ou mandats qui ont servi à le former après avoir été mûrement examinés et contrôlés, ont été déchirés par Son Altesse? Comment sera-t-il possible de distinguer les bois d'Europe d'avec ceux de Tabarka, puisque le livre du Bey, signé par lui, ne fait aucune distinction entre les uns et les autres, soit sur la qualité, soit sur le prix? Nous demandons aussi sur quels renseignements, sur quels titres, sur quelle base enfin, les agents tunisiens appuient leur réclamation. Puisqu'ils accusent, c'est à eux de prouver; et comme ils ne prouvent rien, absolument rien, il faut qu'ils subissent la loi des titres authentiques et réguliers.

Le Bey, et les agents tunisiens le savent, achetait bien souvent en Europe et directement des bois de construction à un prix bien supérieur à celui qu'exigeait le général Benaïad pour ses fournitures de bois. Car les bois d'Europe que Son Altesse achetait de celui-ci, elle les obtenait de même que les bois de Tabarka, à sept piastres le pied cube, tandis qu'elle a payé à d'autres négociants jusqu'à près de neuf piastres pour ce même pied cube.

C'est ainsi qu'en 1261 le Bey acheta du capitaine Lites, de M. Gaspari et de Santillana, des bois de construction dont il paya la plus grande partie à neuf piastres le pied cube. Le prix en a été acquitté par des mandats tirés par le Bey sur le général Benaïad, pour la somme de 521,933 piastres 1/4 qui ont été portés sur le compte du 8 sfar 1261 et sur celui de kéda 1264.

Le Bey a fait encore des achats de bois, à raison de 7 piastres le pied cube, par Sidi Kaya, son ministre de la marine, pour la somme de 2,382,458 piastres.

Comme la réclamation des agents tunisiens est faite en termes généraux, et qu'ils n'expliquent ni sur quoi elle porte, ni d'après quelle base elle a été formulée ; en un mot, comme c'est une véritable énigme, le général Benaïad leur demande si c'est par hasard sur ces deux comptes qu'ils prétendent l'établir, par la seule raison qu'il a payé toutes ces sommes en vertu des teskerés tirés sur lui par le ministre de la marine et approuvés par le Bey, comme le constate le compte arrêté et signé par Son Altesse en date du 3 djoumad-el-tani 1262, lequel porte en détail lesdits teskerés.

Est-ce sur ces deux comptes que les agents tunisiens fondent leurs réclamations ?

L'exposé que nous venons de faire démontre clairement que le Bey achetait lui-même des bois de construction du capitaine Lites et de M. Gaspari, que le ministre de la marine Sidi Mahmoud-Kaya a fait aussi pour le compte du Bey des achats de bois s'élevant à 2,382,458 piastres, et enfin que le général Benaïad a vendu indistinctement au Bey des bois de construction de Tabarka et d'Europe pour la somme de 500,000 piastres.

Nous avons déjà dit que, moyennant une redevance annuelle de 100,000 piastres, le général Benaïad avait affermé pour dix années l'exploitation des bois de Tabarka ; nous devons ajouter que, tant pour les frais d'exploitation que pour le prix de fermage s'élevant seul à un million reçu par le Bey pour les dix années, il a déboursé plus de trois millions, et qu'il n'a retiré de cette exploitation que ce qu'il a vendu au Bey, c'est-à-dire la somme de 500,000 piastres mentionnée ci-dessus, pour le bois de Tabarka et pour celui d'Europe. On voit par là que le général Benaïad a fait dans cette affaire une grosse perte. Cependant, non contents de cette perte, les agents tunisiens osent encore lui réclamer, on ne sait pourquoi, de prétendus bénéfices sur des bois achetés à des étrangers par le Bey lui-même et par le ministre de la marine, et sur des bois que le général a vendus au beylik en se renfermant dans les conditions de son marché.

Mais ce n'est pas au général Benaïad que les agents tunisiens devraient faire cette réclamation ; c'est au capitaine Lites, à M. Gaspari et au ministre de la marine Sid Mahmoud Kaya qu'ils devraient s'adresser, puisque ce sont eux qui ont vendu des bois au gouvernement plus cher que ne le faisait le général Benaïad.

D'ailleurs, si l'allégation des agents tunisiens avait quelque fondement, si le général Benaïad au lieu d'être le fournisseur des bois qu'il a livrés n'eût été que l'agent du gouvernement, le Bey se serait vu obligé de recevoir les navires chargés de bois, de les faire décharger dans ses chantiers, de payer le fret, etc., enfin de se livrer à toutes les opérations dont nous avons parlé dans l'affaire du marbre. Mais rien de tout cela n'a eu lieu. C'est le général Benaïad qui, à ses risques et périls, a acheté les bois, les a placés dans ses magasins, et les a en quelque sorte vendus en détail au gouvernement ; c'est le général qui a dépensé près de 300,000 piastres pour construire près de la mer des magasins, où il se trouve encore à l'heure qu'il est pour un million de bois tant d'Europe que de Tabarka. Si ce bois eût été acheté au nom et pour le compte du gouvernement, le Bey serait obligé d'en payer le montant au général Benaïad.

Dans leur mémoire intitulé *Redressement des questions,* les agents tunisiens prétendent que le bois existant dans les magasins du général est de provenance tunisienne et non européenne.

Pour détruire cette assertion erronée, nous répondons que le bois est là, et qu'il est facile d'en reconnaître l'origine, attendu que le bois d'Europe ne ressemble nullement au bois tunisien, soit pour la qualité, soit par la manière dont il est débité et équarri.

Passons maintenant à la curieuse argumentation des agents tunisiens, pages 26 et 27 de leur *Redressement des questions :* « Le gouvernement tunisien, disent-ils, n'a jamais reconnu d'intérêt » dans aucun compte avec ses fournisseurs ; en France même, les intérêts pour un compte courant

» doivent être réciproques entre les parties, ainsi qu'il est de justice. Or, M. Benaïad a-t-il jamais
» payé au gouvernement des intérêts sur les sommes de piastres 344,859 dont il est resté
» débiteur sur le premier compte de sfar 1261; de piastres 1,271,062, dont il est resté débiteur
» sur le second compte du 9 rebi-el-tani 1261 (*Note supplémentaire*, page 7); sur piastres 575,764,
» dont il est resté débiteur sur le quatrième compte de djoumad-el-aoual 1264 (même *Note*,
» page 8); sur les 2 millions de piastres qu'on lui réclame en vertu de son obligation (*Note*
» *explicative*, page 25); sur les piastres 656,600 qu'on lui réclame également en vertu de son
» obligation (même *Note*, page 26); sur piastres 750,000 reconnues par lui-même dans sa réponse,
» page 27? Assurément non! Alors comment pourrait-il justifier sa prétention aux 40 pour 100
» qu'il s'est appropriés sous prétexte d'intérêts indéfinis sous le nom d'escompte. »

Avant de démontrer avec quelle absence de sincérité, et dans les chiffres qu'ils étaient et dans
les comptes qu'ils invoquent, les adversaires du général Benaïad font constamment de lui le débiteur du Bey quand il en est constamment le créancier, nous commençons par déclarer et nous prou-
verons que toute leur argumentation repose sur une fausse supposition, et que quand même leurs
fausses prémisses seraient admises, les conséquences qu'ils prétendent en tirer ne sauraient logi-
quement en sortir, nulle parité ne pouvant exister entre une dette réelle, la dette du gouvernement
tunisien réglée et fixée par un traité, et des reliquats de comptes *à valoir sur des fournitures
faites et soumises à la vérification*, c'est-à-dire une dette purement nominale.

En effet, les agents tunisiens supposent, contrairement à la vérité, contrairement aux comptes
arrêtés et approuvés par le Bey, que le général Benaïad fournissait ses marchandises pour un prix
stipulé d'avance entre lui et Son Altesse, et qu'il exigeait ensuite, en sus de ce prix, un intérêt
de 40 pour 100. En un mot, ils font du général Benaïad un fournisseur d'abord, et ensuite un
âpre usurier; et pour arriver à leur but, ils scindent le payement des fournitures en deux parties
distinctes, l'une pour le prix des marchandises et l'autre pour le prix de l'usure.

Cette triste objection n'est qu'un tissu d'erreurs, car pour toutes les fournitures qu'il a faites
au gouvernement tunisien, le général Benaïad a toujours fait payer un seul prix, celui qui a été
librement débattu et convenu entre lui et le Bey. Il est vrai que souvent, et ce n'est pas ici le cas,
il a retiré un bénéfice légitime des opérations auxquelles il s'est livré; mais jamais il n'a demandé
que Son Altesse lui payât, en outre du prix convenu, l'intérêt des sommes qu'il avait employées
à l'achat de ses fournitures. Le général Benaïad met ses adversaires au défi d'établir le contraire
sur un seul point de ses nombreuses opérations avec le gouvernement tunisien.

Que devient alors la prétendue générosité de ce gouvernement, qui, disent-ils, n'a pas exigé
d'intérêts sur les reliquats de comptes de plusieurs années? Ce prétendu droit de réciprocité est
établi sur une base imaginaire, puisque ces reliquats de comptes, momentanément au débit du
général Benaïad, *étaient à valoir*, disent les teskerés, *sur des fournitures déjà faites par le général
Benaïad, et soumises à la vérification du Bey*.

Cette preuve n'est pas de notre invention; elle est écrite en toutes lettres dans les quatre teskerés
du 8 sfar 1261, 9 rebi-el-tani même année, 3 djoumad-el-tani 1262, 24 keda 1264. Voici la traduction de ces teskerés; le texte arabe en est joint aux pièces originales.


### « LOUANGE A DIEU!

» Notre présent teskeré est dans les mains de notre illustre fils Mahmoud Benaïad. Nous avons
» réglé avec lui le compte de ce qu'il devait au gouvernement, inscrit dans les articles ci-dessus
» détaillés pour les époques stipulées.

» Le montant de son débit est de 5,516,860 piastres, portées à la droite de cet écrit; le mon-

» tant de ses dépenses ou de son crédit est de 5,175,000 piastres 3/4 et 1/8. Il reste débiteur de
» 344,859 piastres et 6 nasseries, dont il s'acquittera par le compte qu'il présentera après celui-ci,
» *attendu qu'il reste créancier pour des dépenses qu'il a faites et qu'il n'a pas encore présentées.* Nous
» lui avons réglé seulement le compte des articles portés ci-dessus.

» Écrit le 8 sfar 1261.

» *Signé :* AHMED, Pacha-Bey. »

### « LOUANGE A DIEU!

» Nous avons réglé avec notre bienheureux fils Mahmoud Benaïad le compte des recettes et des
» dépenses effectuées par lui et portées ci-dessus à droite. Il reste débiteur, selon le compte ci-
» dessus, de 1,271,062 piastres 1/4, dont il s'acquittera dans le compte qu'il présentera après
» celui-ci, *attendu qu'il reste créancier pour des dépenses qu'il a faites en fournitures, qu'il avait*
» *ordre d'effectuer, et qui ne sont pas comprises dans ce compte,* FAUTE *de nous être assuré de leur*
» *nombre pour une partie,* ou *d'en connaître exactement le prix,* ou *d'avoir la preuve de leur li-*
» *vraison* (1); et QUAND IL FOURNIRA TOUTES CES PREUVES, nous porterons à son avoir lesdites dé-
» penses dans le compte suivant.

» Écrit le 9 rabi-el-tani 1261.

» *Signé :* AHMED, Pacha-Bey. »

### « LOUANGE A DIEU!

» Il sera tenu compte à notre cher fils Mahmoud Benaïad de la somme de 392,001 piastres 1/2,
» qui forment l'excédant de son compte ci-dessus détaillé, article par article.

» Écrit le 3 djoumad-el-tani 1262.

» *Signé :* AHMED, Pacha-Bey. »

### « LOUANGE A DIEU!

» On tiendra compte à notre cher fils Mahmoud Benaïad, général de division, *de 671,208 piastres,*
» suivant le compte ci-dessus, qu'il a dépensées d'après nos teskerés et notre autorisation, et dont
» il a présenté les titres que nous avons lacérés, après les avoir réunis dans cet écrit et avoir
» déduit le reliquat dû par lui dans le compte qui précède celui-ci.

» Écrit le 24 kéda 1264.

» *Signé :* AHMED, Pacha-Bey. »

On remarquera que dans le compte du 3 djoumad-el-tani 1262, le Bey restait débiteur envers
le général Benaïad d'une somme de 392,001 piastres 1/2, et que les agents tunisiens ont eu soin
de le passer.

Les explications déjà données s'appliquent au chiffre de 575,764 piastres du quatrième compte.

(1) Voilà, certes, la démonstration évidente et le témoignage officiel que le Bey n'acceptait les comptes du
général qu'après les vérifications et les contrôles les plus minutieux.

Le général Benaïad demande aux agents tunisiens pourquoi ils ont omis le compte du 24 kéda 1264 dans lequel, après avoir soldé ladite somme de 575,764 piastres, il est resté créancier du Bey pour une somme de 671,208 piastres.

Voici ce teskeré :

« Total des dépenses faites par le général Benaïad. . . . . . . . . . . . . . . 1,326,972 25

» A déduire le reliquat dû par lui dans son compte précédent en date de djou-
» mad-el-aoual 1264. . . . . . . . . . . . . . . . . . . . . . . . . 655,764 25

» Le montant de la dépense nette dû au général Benaïad s'élève à. . . . . . . 671,208 »

Quant aux deux millions de Bizerte et aux deux autres sommes relatives à Gerbi, à Ouatan et à la Rabta, la Commission impériale verra d'après les comptes authentiques qui lui sont soumis, que pour ces localités le général Benaïad reste créancier du gouvernement tunisien pour une très-forte somme, malgré l'assurance avec laquelle les agents intervertissent les rôles au sujet de ce compte.

Nous allons appuyer notre dire sur des faits, et prouver que le Bey est toujours resté débiteur du général Benaïad.

La première somme due au général Benaïad, c'est la délégation sur le Sabtab en date du 2 kéda 1262, de piastres. . . . . . . . . . . . . . . . . . . . . . . . . . . 3,118,325 3/4

La seconde, c'est la délégation sur la régie du cuir, de piastres. . . . . . . . 5,000,000

Le montant de diverses fournitures justifiées par les titres jusqu'au jour du départ du général Benaïad, ci. . . . . . . . . . . . . . . . . . . . . . 2,254,964

Fonds de roulement de la ferme du tabac. . . . . . . . . . . . . . . . . 1,243,944

TOTAL. . . . . . . . . 11,617,233 3/4

Indépendamment de cet avoir clair et net et non sujet à être contesté avec des adversaires de bonne foi, le général a de nombreuses réclamations à faire contre le gouvernement tunisien.

Voilà de quelle manière le Bey est le créancier du général Benaïad, et comment il paye en argent comptant.

Après cette digression, nous revenons à la question des bois.

Le Bey achetait lui-même à M. Gaspari des bois de construction à des prix débattus et consentis réciproquement, après quoi, tirant des mandats sur le général Benaïad, il les remettait audit Gaspari, qui en recevait le montant. Le général Benaïad doit-il donc un bénéfice pour avoir payé ces mandats? Pourquoi M. Raffo ne réclame-t-il pas au général Benaïad un bénéfice sur le mandat de 129,730 piastres, que lui, M. Raffo, a obtenu du Bey pour voyager en France, et que le général Benaïad a également payé? Pourquoi M. Raffo ne réclame-t-il pas un bénéfice sur le mandat de 413,000 piastres que le général a payé pour l'achat fait par M. Raffo, de presses à huile qui n'ont jamais pu fonctionner?

Comment est-il possible de faire contre le général Benaïad de pareilles réclamations sur des comptes consistant uniquement en mandats tirés sur lui et payés par lui, comptes de quinze années, arrêtés, réglés et revêtus de la signature de Son Altesse.

Un fait auquel les agents tunisiens n'ont pas réfléchi et qui les condamne, c'est la contestation qui s'éleva un jour entre le général Benaïad et M. Gaspari sur une somme réclamée par ce dernier, pour prix de nolisation des navires chargés de bois de construction que le général Benaïad avait acheté pour son propre compte. L'affaire ayant été portée devant le Bey en personne, les comptes du général Benaïad avec M. Gaspari furent mûrement examinés et vérifiés, et cet examen eut pour conséquence le rejet de la réclamation de M. Gaspari. Si ce compte de bois entre M. Gaspari et le général Benaïad avait contenu quelque erreur ou quelque fraude préjudiciable au gouvernement, le Bey l'aurait facilement découverte et réprimée. Les agents tunisiens sont donc mal venus à attaquer ce compte, après qu'un examen approfondi du Bey et de ses conseillers en a prouvé l'exactitude dans toutes les parties.

On peut voir dans les pièces originales, par le compte de Gaspari et par une lettre du kasnadar, que le Bey connaissait parfaitement bien le compte entre Gaspari et le général Benaïad, puisqu'il l'a examiné, vérifié et trouvé parfaitement juste et exact. Il résulte de ce compte que M. Gaspari vendait directement au Bey les bois en question, à raison de 7 piastres le pied cube, prix égal à celui du général Benaïad avec le Bey, et même parfois à 9 piastres; on verra également que le général Benaïad achetait de M. Gaspari toute sorte de marchandises, entre autres des fusils, non pour le compte du Bey, mais pour son propre compte.

Et cependant les agents tunisiens osent réclamer une indemnité sur ces mêmes fusils, qui, achetés à trente piastres pièce, ont été vendus au Bey à trente-sept, quoique, malgré ce bénéfice de sept piastres par fusil, le général Benaïad ait perdu à cette opération, attendu que le Bey ne prenait que les fusils reconnus bons et sans défaut par des gens compétents et laissait les autres, tandis que le général Benaïad achetait et prenait de M. Gaspari tous les fusils tels qu'ils arrivaient de l'Europe dans leurs caisses. Le résultat de cette ruineuse opération ne peut être contesté, puisqu'un grand nombre de ces fusils mis au rebut sont encore dans les magasins du général, où la rouille les dévore. Si ces achats avaient été faits pour le compte du gouvernement, le Bey n'aurait pas pu prendre une partie des fusils et refuser l'autre, mais il eût été obligé de les recevoir tous, ce qui aurait épargné au général Benaïad beaucoup d'ennuis et une grande perte.

Il est utile de remarquer que le général Benaïad n'est pas le seul qui ait vendu au Bey des fusils à 37 piastres la pièce ; car le Bey lui-même a acheté d'un nommé Foi, négociant français, des fusils à raison de 37 piastres pour la somme de 115,366 piastres, comme le prouve le compte du 9 rebi-el-tani 1261, sur lequel se trouvent portés tous les mandats que le général Benaïad a payés.

Le Bey a également acheté à Londres, par l'intermédiaire du consul anglais à Tunis, 15,949 fusils, dont 500 à piston; les fusils à piston à 67 piastres 1/2, et les autres plus chers qu'à Benaïad. Le prix total s'est élevé à 664,466 piastres 1/2, comme le prouve le compte en date de sfar 1261, sur lequel sont portés tous les mandats que le général a payés à Santillana. Il faut donc que les agents tunisiens, pour être logiques, réclament aussi aux vendeurs anglais la restitution d'une différence sur le prix de ces fusils.

Peu de temps avant que le général Benaïad vînt s'établir en France, le Bey acheta de M. Daninos, négociant français à Tunis, des bois de construction pour le payement desquels Son Altesse a tiré sur le général Benaïad des mandats que celui-ci a refusé de payer. M. Daninos ayant porté ses plaintes au consul français, le Bey a payé lui-même sa dette, comme le prouve la lettre du Kasnadar au général Benaïad à Paris.

Sur ce dernier fait, le général Benaïad cite une déclaration des arbitres entre M. Daninos et lui, par laquelle il fut condamné à payer une somme de 52,625 piastres pour prix des bois que Benaïad avait commandés audit Daninos et qui étaient pour le compte du Bey. La déclaration constate aussi que ces bois ont été achetés à 7 piastres 50 le pied cube, c'est-à-dire au-dessus du prix auquel le général Benaïad vendait lui-même au gouvernement. Cette déclaration, jointe aux pièces originales, résulte d'un procès-verbal dressé au consulat de France à Tunis, le 27 septembre 1855.

Question. — « § XIX. — 390,000 piastres. Caïdat de Gerbi de 1256 à 1258.

» Demander à Benaïad la production de 13 teskerés pour 219,331 piastres, plus un teskeré du » 9 kéda 1262 (tous non produits). »

Réponse. — Les treize teskerés réclamés sont produits aux pièces originales, accompagnés de leur traduction.

Le général Benaïad, dans sa loyauté, doit en même temps redresser une erreur d'addition qu'il a faite : ces teskerés ne se montent pas, comme il l'a dit (1), à 219,331 piastres ; ils s'élèvent seulement à 186,781 piastres 1/4 ; mais le fait est insignifiant.

La raison en est que, comme le déclarait le général Benaïad, la quittance définitive et absolue de ces fermages a été donnée par le teskeré du 9 kéda 1262, que réclame aussi la Commission. Ce teskeré est celui qui est relatif aux soixante-dix fermages déjà cités à propos du fermage des terres du gouvernement et du fermage du saâ d'Ouatan.

On voit que dans leurs revendications les agents tunisiens semblent avoir fait abstraction de ce compte, puisqu'il détruit à la fois trois de leurs réclamations.

Le teskeré du 9 kéda 1262 porte au débit du général Benaïad les fermages de Gerbi, dont il est question, de la manière suivante :

« Fermage des revenus de Gerbi pour *l'an* 1256,     15,000 piastres.
» *Idem*          *idem*          *pour* 1257,     20,000
» *Idem*          *trois ans,* finissant à l'an 1261,     600,000 »

Et le général Benaïad a cité déjà les termes formels et sans réserve dans lesquels le Bey reconnaissait avoir reçu la totalité du prix des soixante-dix fermages, parmi lesquels sont compris ceux qui font l'objet de cette question.

Question. — « § XXI. 56,643 piastres. Ferme des cuirs. Divers articles pour mémoire.

» Demander au Bey la production des reçus de Benaïad et toutes autres pièces justificatives des » faits par lui allégués.

» Demander à Benaïad s'il nie avoir été dans les diverses positions alléguées par le Bey ; s'il nie » avoir eu entre les mains les objets énoncés, s'il n'en est pas comptable, s'il les a rendus, » comment il explique leur disparition.

» Demander toutes les pièces à l'appui. »

Réponse. — Dans cette question sont compris divers objets dont voici la réponse :

1° Sur la somme de 56,643 piastres.

Le kasnadar a fait appeler Hamida, neveu et agent du général Benaïad ; il lui a signifié d'avoir à payer pour le compte de son oncle cette somme, que celui-ci devait pour 1268 à la ferme des cuirs pour des perceptions faites à Toubourba et à Gerbi. L'exigence en elle-même était étrange, puisque tous les produits de la ferme des cuirs, pour 1268 comme pour les années précédentes et suivantes, appartenaient au général Benaïad ; mais il fallut bien obéir. Hamida donna au

_________
(1) État des questions, page 38.

directeur de la ferme des cuirs le reçu de la somme exigée, et celui-ci lui en donna une quittance motivée. Il n'y a donc là, on le voit, qu'un jeu de chiffres ; car si le général Benaïad doit tenir compte pour 1269 de cette somme au gouvernement, celui-ci devra lui tenir compte de son côté pour 1268 de cette même somme entrant dans les produits de la ferme des cuirs qui lui appartiennent.

2° Boulangeries.

Pour la boulangerie des casernes le bail est terminé, et le général Benaïad produit le teskeré de solde pour cette boulangerie, sous la date du 12 sfar 1267, dans son Mémoire joint à celui-ci, intitulé *le Dernier Mot sur le compte de blé*, etc., pièce justificative n° 15 (6ᵉ teskeré).

Pour la boulangerie du Bardo, le gouvernement tunisien, après la rupture de 1853 (1269), s'en est emparé et a tout pris, ustensiles et grains. Quelle est la réparation qu'il demande ?

Pour Halk-el-Ouad ou la Goulette, voici le reçu du ministre de la marine. L'original est joint aux pièces :

« LOUANGE A DIEU !

» Nous avons reçu de l'illustre agent de la Koucha de la Goulette les vingt-quatre articles » ci-dessus mentionnés, tels que mulets, etc., formant la totalité de ce qui se trouve dans la » Koucha.

» Le 15 djoumad-el-aoual 1269.

» *Signé* : MAHMOUD KAYA, ministre de la Goulette (Marine). »

3° Quant aux 1,500,000 piastres réclamées aussi par la *Note explicative*, nous y trouvons une nouvelle preuve de l'étonnante façon de compter des agents tunisiens.

D'après leur texte, la commission a dû croire d'abord que cette somme restait encore due en grande partie. La *Note explicative* dit en effet : « Qu'il en a payé un à-compte, et il est toujours » débiteur du solde. »

Or, dans le *Redressement des questions*, page 39, les agents tunisiens donnent enfin les pièces relatives à cette affaire, et il en résulte que l'*à-compte* versé par le général Benaïad sur sa dette de 1,500,000 piastres est de 1,800,000 piastres, singulier à-compte qui dépasse de 300,000 piastres le capital dû. Le secret de cette différence, le voici : le général Benaïad avait reçu du Bey ces 1,500,000 piastres en s'obligeant de verser en échange 300,000 écus de 5 francs, malgré la différence de valeur des deux monnaies, parce que cette différence était destinée à représenter l'intérêt de la somme prêtée au général Benaïad, et cet intérêt ainsi représenté était d'environ 12 pour 100.

La somme fut réglée et remboursée, comme le prouve la déclaration du général Benaïad figurant au *Redressement des questions*, page 39.

Il restait toutefois une petite question de change à vider entre les parties, et qui demeurait indécise pour ou contre l'une ou l'autre. C'est cette question de change qu'aujourd'hui les agents tunisiens veulent résoudre par une folle réclamation de 261,549 piastres contre le général Benaïad. Après ces observations, la commission doit être édifiée sur ce point.

Quant aux autres articles, le général Benaïad ne peut que confirmer les dénégations et les observations contenues dans son *État des questions* et dans ses autres mémoires.

Rien n'est vrai dans les assertions des agents tunisiens sur les bœufs, les mulets, etc., etc.

# QUESTIONS.

## DEUXIÈME SÉRIE.

QUESTION. — « Lorsque le Bey de Tunis a ordonné la vérification de la banque, a-t-il été dressé
» quelque acte constatant qu'il ne se trouvait en caisse ni billet, ni teskerés, ni numéraire?

» Dans le cas de l'affirmative, demander la production de cet acte, procès-verbal de vérifica-
» tion, ou tout autre.

» Lorsqu'il fut procédé à la vérification des billets émis et des teskerés, a-t-il été dressé un acte
» contenant le nombre et les numéros des billets et teskerés produits et estampillés?

» En cas d'affirmative, demander la production de cet acte.

» Comment est justifiée par M. Benaïad son allégation qu'au moment de la vérification de la
» banque il y avait en caisse en numéraire une somme de 158,570 piastres?

» Comment est justifiée cette autre allégation de M. Benaïad, que 400,000 piastres auraient
» été versées par la caisse de la banque à la monnaie?

» Les registres de la banque et de la monnaie sont-ils d'accord pour constater ce versement et
» sa date? »

RÉPONSE. — Les agents tunisiens ne produiront aucune preuve qu'au moment de la vérification
de la banque la caisse de cet établissement fût vide, à moins que le gouvernement n'en eût pris
lui-même l'argent.

La justification de l'existence de la somme de 158,570 piastres dans les caisses de la banque
se trouve dans les faits suivants.

Cette somme se décompose comme suit :

En caisse de la banque au moment du départ du général Benaïad . . . .  40,578 piastres.

Ce compte inscrit et signé par le caïd Nessim, caissier de la banque, avec
déclaration de la balance sur l'un des registres du général Benaïad, est produit
à la commission.

Autre somme laissée à la banque par le général Benaïad, suivant l'attes-
tation et la signature du caïd Nessim . . . . . . . . . . . . . . . . . . . . . .  25,000

Le 9 djoumad-el-aoual 1269, Saïd Benaïad, débiteur du général, versa à
Hermas, caissier particulier de ce dernier, une somme qui fut immédiatement
versée à la banque, suivant le reçu du caissier Nessim, produit aux pièces
originales. Ce reçu est de. . . . . . . . . . . . . . . . . . . . . . . . . . . . .  93,815

TOTAL. . . . . . . . .  159,393 piastres.

6

Le général Benaïad dans ses premières réponses (*Benaïad* 2, page 12) portait ce même solde à 158,578 piastres. Il doit l'explication de cette différence. Dans sa première discussion, il n'avait porté qu'en nombre rond, la somme versée par Hermas ou 93,000 piastres; tandis que le versement exact, tel qu'il est constaté par le reçu du caïd Nessim, est de 93,815 piastres.

Différence, 815 piastres; qu'on ajoute ces 815 piastres aux 158,578 indiquées au mémoire 2, et on trouvera exactement le solde dont nous avons parlé, ou 159,393.

Quant aux 400,000 piastres prises à la banque par Hermas sur l'ordre du général Benaïad, et versées par lui à la monnaie en pièces de cinq francs qui devaient être fondues et frappées en monnaie tunisienne, l'allégation est fondée sur le reçu d'Hermas fourni au caissier Nessim sur la délivrance de la somme. Le versement des pièces de cinq francs à la monnaie a été opéré, savoir :

50,000     pièces de cinq francs par Hermas lui-même;

10,000     par le fils aîné du général Benaïad, mort depuis cette époque.

---

60,000     pièces de cinq francs ensemble versées entre les mains du caïd Nessim, en sa qualité de caissier de la monnaie aussi bien que de la banque.

Ce versement est constaté dans le compte de la monnaie dressé par le notaire Mohammed-el-Klibi et entre les mains du général Benaïad, produit aux pièces originales.

Il est également constaté par le reçu du caïd Nessim à Hermas, resté entre les mains de ce dernier. Cette pièce était à Tunis, et le général Benaïad ne peut point la produire par des circonstances qu'il est important de faire connaître à la Commission.

Le général Benaïad a voulu retirer des mains de ses agents toutes les pièces qui pouvaient y être encore et qui étaient de nature à achever d'éclairer la Commission. Il avait en conséquence donné ses ordres à son correspondant, M. Mercier. Les divers individus dont on parle ici avaient promis à ce dernier la remise des papiers dont ils étaient dépositaires. Quelques-uns ont rempli leur promesse; mais dès que le gouvernement tunisien l'a su il les a fait emprisonner pour l'exemple des autres, et, comme si cet acte d'intimidation ne suffisait pas, on leur a signifié officieusement la défense d'imiter les prisonniers.

M. Mercier dès lors a protesté devant le consul. Sa protestation est jointe aux pièces, et il a fait appeler les récalcitrants par ordre devant le consul général pour avoir à s'expliquer sur leur refus et reconnaître au moins la possession des pièces réclamées.

Devant le magistrat français, tous ont persévéré dans leur refus. Hermas a été au nombre des personnes appelées. Il a reconnu posséder un très-grand nombre de titres appartenant au général Benaïad, et non-seulement il les a refusés sous des prétextes qui ne sont pas soutenables, mais encore il est allé jusqu'à refuser d'en fournir l'état.

Le général Benaïad cite immédiatement l'interrogatoire d'Hermas par M. le consul général, et la Commission y verra facilement les traces évidentes de l'action exercée par le gouvernement sur l'esprit et les dispositions de cet homme.

Il faut relever une des circonstances les plus étranges de cet interrogatoire. Hermas refuse les pièces parce que, dit-il, Mahmoud Benaïad ne réglerait pas son compte. Cela semble vouloir dire qu'il garde ses pièces en garantie de sommes qui lui seraient dues, ou autrement cette espèce de séquestre que se permet un simple particulier n'a pas de sens. Or il faut rappeler qu'Hermas est tout simplement le caissier du général Benaïad, qu'en conséquence il a reçu pour lui, payé pour lui sur ses mandats, mais payé uniquement avec l'argent qu'il a reçu, et qu'il reste dépositaire de fortes sommes. Cela dit, rapportons les déclarations d'Hermas telles qu'elles sont consignées dans le procès-verbal de M. le consul général de France, sous la date du 27 septembre 1855.

« Demande. — *Avez-vous des papiers appartenant au général Mahmoud Benaïad*, et notamment un
» reçu de quatre-vingt-treize mille huit cent quinze piastres que vous avez remis au caïd Nessim?

» Réponse. — *J'ai une quantité de titres qui m'ont été délivrés par les agents de Mahmoud Benaïad,*
» tels que Ali-el-Djilani, le caïd Nessim, Hamida Benaïad et autres. Je suis prêt, comme je l'ai
» dit à M. Mercier, à remettre tous ces titres à Mahmoud Benaïad ou à son mandant, moyennant
» un règlement de compte définitif. *Sans ledit règlement, je ne veux remettre aucune pièce.*

» Demande. — Si vous ne voulez pas remettre les titres que vous avez entre les mains, *don-*
» *nez-en l'état.*

» Réponse. — *Je ne veux pas donner les pièces* que me demande Mahmoud Benaïad, parce qu'il
» s'en servirait et ne réglerait jamais mon compte.

» Demande. — Voulez-vous donner le reçu de quatre-vingt-treize mille huit cent quinze piastres
» que vous a fait le caïd Nessim contre le versement de pareille somme à lui fait par vous pour le
» compte de Mahmoud Benaïad ?

» Réponse. — Non, je m'y refuse pour les mêmes motifs que je viens d'exposer.

» Demande. — Voulez-vous en délivrer une copie?

» Réponse. — Non.

» Demande. — *Voulez-vous déposer ce titre* en la chancellerie du consulat général de France?

» Réponse. — Je m'y refuse, *à moins d'y être contraint par le Bey* (1). »

Il y a dans cet interrogatoire un mot qui trahit l'inspiration sous laquelle ces hommes intimidés
ou corrompus manquent à leurs devoirs de dépositaires. Ce mot est celui-ci :

« Je ne veux pas restituer les pièces appartenant à Mahmoud Benaïad, parce qu'il s'en ser-
» virait. »

Au surplus, toutes les assertions des agents tunisiens sur cette affaire de la Banque, déjà dé-
truites par la discussion et les preuves, vont recevoir un démenti d'une autorité qu'ils aiment à
invoquer celle du caïd Nessim.

Le général Benaïad produit dans les pièces justificatives une lettre de ce personnage dans
laquelle se trouvent confirmées toutes les allégations du général relativement à la banque, et qui
réduit à néant les accusations portées contre le général Benaïad sur le prétendu enlèvement des
fonds de cet établissement.

Attentif à sa situation, le général Benaïad de Paris écrivait au caissier de la banque, à Nessim,
pour lui recommander de rembourser à présentation les billets au porteur, en lui faisant observer
que le kasnadar devait à cet effet restituer les espèces enlevées à la banque pour les besoins du
gouvernement.

Le caissier de la banque répondait en ces termes : « Votre Excellence me dit que la banque doit
» changer les billets pour le montant des sommes qu'elle a prêtées, pour le montant des sommes
» fournies par Benaïad (Saïd), et pour le montant des autres sommes mises à sa disposition, et que si
» je refuse d'agir ainsi, vous en rejetez la responsabilité. Je réponds que selon moi, la banque a
» maintenant les fonds susmentionnés, à savoir : l'argent qui est entre mes mains ; celui qui est sous

______

(1) Hermas a été immédiatement récompensé de cette trahison. Il vient d'être nommé kalifa de Gerbi.

» la garde des écrivains du Bey, et celui qui est aux mains du caïd Schloum. Tout cet argent se
» trouve à la banque, ainsi que je vous l'ai déjà fait connaître. »

Comme on le voit, cette lettre prouve que le gouvernement tunisien avait pris des fonds à la banque.

Ces fonds s'élevaient primitivement à 800,000 piastres sur lesquels le kasnadar ayant déjà remboursé 310,000 piastres, devait encore 490,000 piastres.

Le versement de Saïd Benaïad pour 93,815 piastres, est également reconnu textuellement par le caïd Nessim. Les 40,578 piastres et les 25,000 piastres laissées ensemble par le général Benaïad au moment de son départ, sont l'argent dont parle Nessim comme existant dans les caisses de la Banque, et il dit qu'il est aux mains des écrivains du Bey, parce que effectivement deux de ces écrivains attachés à la banque étaient détenteurs d'une des deux clefs de la caisse, le caissier gardant l'autre et ne pouvant opérer aucune espèce de payement sans l'intervention et l'assentiment de ces agents du Bey. Quant aux sommes qu'indique Nessim, comme étant en la possession du caïd Schloum, c'étaient celles que le gouvernement avait prises précédemment à la banque, le caïd Schloum n'étant pas autre chose que le trésorier du Bey.

Le général Benaïad a dit encore qu'il destinait à alimenter la banque les flans de cuivre qu'il expédiait à Tunis pour y être frappés en monnaie.

Voici la preuve de cette allégation dans une autre lettre de Nessim.

« Soyez tranquille, dès que je recevrai de l'hôtel de la Monnaie par M. Thomas, je ferai porter
» les fonds à la banque *suivant vos instructions.* »

Cette dernière lettre est du 8 rabi-el-tani 1269, trois mois avant le séquestre dont la banque a été frappée. La première est du 11 redjeb 1269, un mois avant le séquestre. Elle prouve sans conteste, qu'à cette époque, la banque avait, comme le déclarait le caïd Nessim lui-même, le numéraire dont elle avait besoin pour parer à ses payements, et que si le gouvernement a voulu faire un éclat, c'était ou pour se créer un prétexte contre le général Benaïad, ou pour se soustraire au remboursement de l'emprunt forcé qu'il avait levé sur la banque, et qui lui était instamment réclamé.

QUESTION. — « Engager les agents du Bey de Tunis à produire les comptes des prédécesseurs de
» M. Benaïad, qui avaient avant lui la ferme des grains, des fourrages et de la boulangerie, no-
» tamment celui de Bahram pour le blé, de Ben Abbas pour l'orge, et de Hassan Berbir pour
» la boulangerie; produire les registres qui constatent l'existence et le chiffre des bonifications par
» eux versées. A défaut des actes reçus par les notaires ou des registres, fournir des copies cer-
» tifiées conformes aux instructions contenues dans la dépêche du 23 août. »

RÉPONSE. — Le général Benaïad voit avec confiance la Commission exiger des agents tunisiens la production des registres du Bey et celle des registres de ses prédécesseurs.

Quant aux registres du Bey, le général Benaïad rappelle qu'il a sollicité la production des originaux et non d'aucune espèce de copie.

Quant aux registres des prédécesseurs de Benaïad, une explication est nécessaire.

En remontant seulement jusqu'en 1240, les directions de la Rabta, de l'Alfa et de la Koucha ont été confiées à diverses personnes; ainsi, de 1240 à 1242, le directeur de la Rabta était Mohammed Ben-Saïd, et le directeur de l'Alfa et de la Koucha était Mohammed Benaïad, père du général. De 1242 à 1244, le général Benaïad est convaincu que Bahram était déjà directeur de la Rabta, mais il n'en a pas la preuve dans les pièces. De 1245 à 1255 inclusivement, Bahram a été investi du fermage de la Rabta, Ben-Abbas du fermage de l'Alfa, et Bahrini, qui est le même que Hassan-Berbir (le nom d'Hassan-Berbir est sur la traduction de l'amra de kéda 1262 une faute d'impression, il faut y lire Bahrini et non Berbir), était fermier de la Koucha du Bardo. En 1256, ces trois fermages furent concédés à un seul et même directeur, Mohammed Benaïad.

Il est essentiel à la lumière complète qui doit être jetée sur le point important des comptes de blé et d'orge, ainsi que l'indique du reste la Commission, que le gouvernement tunisien produise les comptes originaux :

1° De Mohammed-Saïd pour la Rabta,        | de 1240 à 1242 ;
2° De Mohammed Benaïad pour l'Alfa et la Koucha,   |

3° Les comptes de Bahram pour la Rabta de 1242 à 1244, ou le compte de celui qui aurait dirigé la Rabta dans le cas où, contre la conviction absolue du général Benaïad, Bahram n'eût pris cette direction qu'en 1245 ;

4° Les comptes originaux de Bahram, Ben-Abbas et Bahrini pour leur direction respective de 1245 à 1255 ;

5° Les amras de nomination ou de confirmation des trois Beys qui se sont succédé de 1245 à 1255.

Toutes ces pièces sont indispensables à l'établissement de la vérité, voici pourquoi :

Les comptes de 1240 à 1242 serviront à contrôler le bénéfice réel obtenu par le gouvernement tunisien de Bahram lui-même, qui incontestablement a contracté aux mêmes conditions de rendement que son prédécesseur.

Les comptes de 1243 et 1244, et ceux de 1245 à 1255 serviront à déterminer la durée totale du fermage de Bahram. Les agents tunisiens basent leur calcul sur une durée de neuf ans; le général Benaïad soutient, a la preuve et il la fournira, que Bahram a possédé la Rabta pendant onze ans; par la production des comptes de 1243 et de 1244, il espère arriver à la preuve que Bahram a occupé ce fermage pendant treize ans, et que par conséquent les agents tunisiens ont retranché de l'administration de Bahram une période de quatre années ou au moins de deux années, pour arriver à des bonifications impossibles par la dissimulation des recettes comparées à la somme des versements.

Les comptes originaux de 1245 à 1255 et les amras d'investiture ou de confirmation des trois Beys qui sont montés au pouvoir dans cette période, serviront à se contrôler et à se vérifier les uns par les autres; il est certain qu'à chaque changement de règne, et cela est d'usage immémorial, les directeurs de ces établissements viennent rendre et faire arrêter leurs comptes, et obtenir leur confirmation dans leur poste du Bey nouveau. Par conséquent les agents tunisiens doivent produire avec les trois amras trois comptes distincts mentionnant trois soldes et trois arriérés différents.

Tandis qu'ils ne parlent que d'un seul compte pour toute la période des neuf années qu'ils attribuent faussement à la direction de Bahram.

Le général Benaïad croit entrer entièrement dans les vues de la Commission en lui indiquant lui-même ces pièces comme celles qui sont de nature à éclairer et décider sa religion.

Question. — « Engager M. Benaïad à produire en original les divers amras qu'il présente comme » apurement de ses comptes, et aussi la lettre du kasnadar en date du       1268.

» L'engager à joindre ces actes originaux et tous les documents constatant que ces amras ont été
» délivrés après examen de ses comptes. »

RÉPONSE. — Le général Benaïad s'empresse de fournir à la Commission les actes et les originaux
qu'elle lui demande ; mais depuis son dernier écrit, bien d'autres preuves sont arrivées dans ses
mains. Le général Benaïad a trouvé, par exemple, l'amra qui investit son père de la direction de
la Rabta et de l'Alfa, et qui est un amra essentiellement public, disposant, ce sont ses termes,
qu'il doit être porté à la connaissance de tous les fonctionnaires de la régence. Il a trouvé de
nouvelles lettres du kasnadar et du Bach-cateb ou directeur de la comptabilité du Bey, fournis-
sant la preuve éclatante que les écrivains qui ont dressé les comptes de blé et d'orge ont eu sous
les yeux les conventions arrêtées entre les parties.

Il a reçu de Tunis, en juillet dernier, quelques-uns de ses livres contenant la copie authentique
de ses comptes de blé tels qu'ils sont arrêtés et inscrits sur les registres du Bey. Ces pièces abondent en preuves que les comptes des agents tunisiens sur les bonifications données par Bahram et
Bahrini sont fabriqués, controuvés et faux, et qu'on est même allé jusqu'à cacher et supprimer la
plus grande partie des bonifications réelles allouées par le général Benaïad. Mais ces pièces elles-
mêmes ont besoin pour avoir tout leur poids de quelque coordination et de quelques réflexions qui
en fassent bien ressortir le sens et l'ensemble. Dès lors le général Benaïad les a réunies en un corps
d'écrit complémentaire des pièces justificatives, dans lequel il espère avoir réduit la discussion et
la question à des termes si décisifs, que la Commission aura lieu de s'étonner qu'on ait osé tenter de
surprendre à ce point sa conscience par les déplorables fictions qu'on a imaginées sur Bahram.

QUESTION. — « Ces apurements de compte ont-ils été mentionnés sur les registres du gouverne-
» ment, ou dans tout autre acte officiel ? — Provoquer sur ce point les explications des agents du
» Bey de Tunis et des agents de Benaïad. »

RÉPONSE. — Sans aucune espèce de doute, et la preuve en est facile. L'apurement du compte de
blé de 1256 à 1266 inclusivement contient cinq règlements de compte :

> Le 1er en date du 23 moharem 1260.
>
> Le 2e    do     du 2 chaoual 1262.
>
> Le 3e    do     du 18 djoumad-el-tani 1264.
>
> Le 4e    do     du 23 ramadan 1265.
>
> Le 5e    do     de redjeb 1267.

Ces cinq règlements se terminent tous par cette même formule et cette même déclaration : *Que les
comptes dont ils font l'objet ont été portés sur les registres du palais article par article*, ou bien que
*ces comptes sont conformes aux détails qui sont consignés sur les registres du palais.*

Il en est de même pour les teskerés relatifs aux règlements des comptes d'orge.

En outre, le général Benaïad produit aux pièces originales la copie de trois des comptes de la
Rabta, embrassant neuf années, soit de sa gestion, soit de celle de son père, et qui contiennent à
la fois, et tous les détails des livraisons et des recettes, et les balances telles qu'elles existent dans
les teskerés de règlement, et la distinction des perceptions et versements qui sont susceptibles de
boni, d'avec ceux qui ne le sont pas, et la quotité de boni dont sont passibles, soit les versements,
soit les perceptions détaillées dans le registre.

Il y a même dans ces comptes le nom de chaque personne à laquelle le général Benaïad ou son père ont opéré un versement quelconque, et le montant de chaque versement. On pourra trouver ces détails sur les livres que présente le général Benaïad ; seulement ils ne figurent pas dans la traduction, parce qu'on a voulu éviter la longueur superflue de ces détails.

Question. — « Engager les agents du Bey à produire les comptes des versements de grains, blé » ou orge, faits par M. Benaïad dans les entrepôts du gouvernement, tels qu'ils résultent des » registres du gouvernement ou d'autres actes officiels, et à quelques titres qu'aient été faits ces » versements. »

Réponse. — Il est essentiel de rappeler à la Commission qu'indépendamment des versements faits à la Rabta, à l'Alfa, à la boulangerie ou Koucha du Bardo, il y a encore une boulangerie affermée au général Benaïad, portant le nom de Boulangerie des casernes, etc., et dans laquelle celui-ci a fait des versements qui ne montent pas à moins de 120,000 caffis en y comprenant la Koucha du Bardo. Le général Benaïad rappelle ce fait parce qu'il doit jouer un rôle considérable dans la question des bénéfices qu'il devait au gouvernement tunisien ; et pour cette affaire des versements des casernes, il prie instamment la Commission de se reporter au mémoire complémentaire sur le blé, dont il a déjà parlé.

Question. — « Comment M. Benaïad justifie-t-il de l'achat par lui fait des grains, blé ou orge, » qu'il aurait livrés comme fournisseur, et dont il aurait reçu le prix en teskerés? Où ces grains » ont-ils été achetés, à quelle époque, par quels intermédiaires, par quelle voie sont-ils arrivés » à Tunis, par quels navires? L'engager à fournir sur ces points tous documents et toutes pièces » probantes? »

Réponse. — Le général Benaïad, jusqu'à son départ de Tunis, a acheté de diverses manières des quantités considérables de grains.

Comme il l'a dit, elles proviennent de diverses espèces de vendeurs :

1° Des rachats qu'il faisait aux parties prenantes ayant un teskeré du Bey ; très-souvent ces preneurs aimaient mieux recevoir de l'argent que des rations de grain, et parmi ceux qui pensaient ainsi il faut placer les plus hauts dignitaires de la régence ;

2° Des achats directs opérés par le général Benaïad aux propriétaires du pays, et entre autres à l'un des représentants actuels du Bey à Paris, le général Kereddin, auquel il a acheté pour plus de 100,000 piastres de blé, comme il en justifie par ses reçus.

Il a acheté, en outre, en participation avec le kasnadar, 10,000 caffis de blé et 13,000 caffis d'orge. Cette affirmation est prouvée par la déclaration et la signature du kasnadar.

3° Des chargements expédiés ou conduits à Tunis par des spéculateurs, et qu'acquérait le gé‐ néral Benaïad.

4° Des ordres expédiés directement par le général Benaïad à Alexandrie, Malte, Livourne, Tripoli, Marseille, Gerbi et Kalybia, d'où les navires chargés de blé et d'orge lui ont été expédiés.

Bien plus, on s'étonne que les agents tunisiens mettent en doute les achats faits à l'extérieur par le général Benaïad, car ces achats, ils ont été transportés en partie par la marine du Bey lui‐ même.

Sur l'ensemble de toutes ces questions, le général Benaïad a pensé qu'il devait une explication à part embrassant, comme il l'a dit, toute cette question des grains, la principale du débat. Cette discussion, il l'a concentrée et isolée dans un Mémoire particulier remis à la Commission avec celui-ci, et intitulé *le Dernier Mot sur les comptes en blé du général Benaïad et le prétendu compte de Bahram*. C'est dans ce Mémoire que se trouve la réponse complète et détaillée à toutes les questions ci-dessus sur l'affaire des grains, avec l'appui de toutes les Pièces justificatives ; le général Benaïad s'y réfère, et il supplie de nouveau et avec chaleur la Commission de vouloir bien étudier ce Mémoire, après la lecture duquel elle aura jugé la moralité de la cause adverse.

QUESTION. — « Inviter les agents du Bey à présenter les teskerés signés par M. Benaïad ou par » ses agents, et qui n'auraient pas été payés par celui-ci. » (M. Raffo, n° 5, page 12.)

RÉPONSE. — Il est essentiel pour le général Benaïad de prémunir la Commission contre une confusion possible et même probable où tenteront de la jeter les agents tunisiens. Ils ont prétendu que les fournitures payées par le mandat au porteur sur la ferme des cuirs étaient en partie restées en souffrance, et ils offrent d'en fournir les preuves par des teskerés de fournitures restés aux mains de leurs porteurs. Les règlements de comptes relatifs à cette affaire contredisent formellement cette assertion, puisqu'ils mentionnent que pour la fourniture objet du règlement les teskerés tirés sur le général Benaïad ont été d'abord vérifiés et puis déchirés par le Bey. Cependant le général Benaïad, avant comme après ce règlement, recevant de la partie prenante un mandat du Bey, le retenait et livrait en retour un autre teskeré semblable sur ses propres employés. Les agents tunisiens auraient-ils réuni un certain nombre de ces teskerés émanés de Benaïad en échange de ceux du Bey, et voudraient-ils prétendre que le général a fait entrer les teskerés du Bey, qu'il aurait ainsi obtenus, dans le compte des fournitures réglées par le mandat des cinq millions ? En ce cas, rien ne sera plus facile que de déjouer cette tentative. Le général Benaïad s'oblige d'avance à opposer à chacun de ces teskerés le teskeré correspondant du Bey, et comme ceux qui ont figuré dans le règlement des cinq millions ont été déchirés incontestablement, ceux qu'il a dans les mains ne peuvent faire partie des fournitures soldées par le mandat de cinq millions négocié à MM. Périer frères.

# QUESTIONS.

---

## TROISIÈME SÉRIE.

Question. — « Créances et réclamations personnelles de M. Benaïad contre le gouvernement
» tunisien. — § I. 1° 3,118,325 12 P. Délégation du Bey (2 kéda 1262) sur le ministre de la
» justice.

» Demander à M. Benaïad de faire connaître dans quelles circonstances et pour quel motif le
» Bey lui a remis cette délégation.

» Demander à M. Benaïad comment cette délégation est restée entre ses mains pendant près de
» neuf années sans qu'il en ait fait usage.

» Demander aux agents du Bey de produire le compte apuré depuis longtemps, disent-ils, dans
» lequel cette délégation aurait été comprise.

» Demander aux deux parties de produire le compte relatif aux dépenses du Bey de Tunis pen-
» dant son voyage à Paris, auxquelles Benaïad aurait fait face.

» Leur demander en quelles valeurs ce compte a été réglé.

» Demander aux agents du Bey quelles preuves ils ont à produire pour démontrer que ces va-
» leurs font double emploi avec la délégation dont il s'agit. »

Réponse. — Voici l'origine et le motif de cette délégation :

Le 28 chaoual 1262, avant le départ de Son Altesse le Bey pour la France, le général Benaïad
régla le compte de ses fermages de Gerbi, d'Ouatan, de Métallit, de la Rabta, de l'Alfa et de la
Koucha, et il lui fut délivré à cette même date un nouvel amra de fermage desdites localités.

Après le règlement de ce compte, il resta créancier du Bey pour les revenus ci-après détaillés lui
appartenant et entrés dans les magasins du Bey :

Les revenus de blé et d'orge provenant de la dîme d'Ouatan, de 1259 à 1262 inclusivement,
entrés dans le compte de la Rabta ;

L'impôt ou droit du quart d'Ouatan, de 1259 à 1262 inclusivement ;

Les revenus du tabac, du cuir et du sel pour Ouatan, Gerbi et Métallit, dans le fermage du général Benaïad, pour ces trois impôts pendant les quatre susdites années.

Pour solde de tous les revenus que nous venons de spécifier et pour prix d'une quantité considérable de diamants sur papier que le Bey avait achetés à Mahmoud Benaïad, afin de monter des
nichans, Son Altesse paya audit Mahmoud Benaïad, neuf jours après le règlement de compte, la

7

somme de 3,118,325 12 piastres en une délégation sur le Sabtab, cette somme soldant tous les comptes dont nous venons de parler, y compris l'achat des diamants.

Les agents tunisiens sont parfaitement instruits de cette affaire. Ils ne peuvent ignorer ni contester que la dîme d'Ouatan et tous les revenus que nous venons d'énumérer sont la propriété du général Benaïad; les comptes leur attestent qu'ils ont été portés au crédit du Bey. On les met au défi de prouver qu'ils aient été remboursés autrement que par la délégation en question; si le gouvernement tunisien a payé d'une autre façon, pourquoi n'a-t-on ni produit ni cité les pièces? Parce qu'on n'y a rien trouvé que la confirmation des faits avancés par le général Benaïad.

Il réclame donc le montant de cette délégation bonne et valable avec les intérêts à 6 pour 100, à partir du moment de sa création jusqu'au jour du payement.

Pourquoi cependant le général Benaïad serait-il resté près de neuf ans sans en avoir fait usage?

Pendant ces neuf années, au contraire, le général Benaïad n'a cessé de la présenter et d'en réclamer le montant. La preuve, c'est que divers à-compte ont été versés par le Sabtab entre les mains du général Benaïad; mais le Bey, comme on l'a prouvé (*État des questions*, p. 40-41), a voulu que ces sommes figurassent sur d'autres comptes mentionnés dans le même mémoire, en conservant intacte la dette de la délégation. C'est ce qui fait qu'elle est toujours restée au pouvoir du général Benaïad. Si les faits s'étaient passés autrement, on n'eût certes pas laissé cette délégation entre ses mains. Une obligation souscrite de cette importance ne s'oublie pas facilement; et si, par l'effet d'une compensation quelconque, elle fût devenue nulle et sans valeur, le Bey n'eût pas manqué d'en exiger la restitution.

Toutefois, après 1264, comment le payement de cette dette s'est-il encore si longtemps ajourné? Ce n'est pas, il le répète, la faute du général Benaïad.

Il ne se lassait pas de presser le Sabtab de ses sollicitations, et ce dernier, de son côté, ne se lassait pas d'y répondre par des aveux d'impuissance actuelle et des promesses pour l'avenir, éludées encore par de nouveaux moyens de temporisation. La Tunisie n'est pas la France. Les lois n'y présentent à un sujet aucun moyen de contrainte contre un gouvernement tout-puissant, et le général Benaïad ne pouvait que prier, presser, presser et prier encore.

Bien souvent, après s'être mis à découvert pour des sommes considérables, le général Benaïad refusait de faire de nouvelles avances à un gouvernement obéré, et qui reculait indéfiniment le payement des fournitures faites depuis bien des années. Alors le gouvernement s'efforçait de vaincre amiablement les résistances; mais quand elles persistaient, on recourait sans scrupule à l'ordre absolu et à la menace, devant lesquels on savait bien que le général Benaïad n'aurait plus qu'à plier.

Ainsi, en 1267, le gouvernement ne cessait de tirer des mandats sur le général Benaïad. Celui-ci s'en plaignit au kasnadar, lui exprimant son impossibilité de continuer des avances de plus en plus considérables. Le kasnadar lui répondait par la lettre suivante :

« Nous avons reçu votre lettre, et avons compris ce que vous nous dites au sujet *du non-paye-* » *ment des teskerés* que vous avez ordre de payer.

» *Nous avons pris les ordres* de Son Altesse le Bey, qui a répondu qu'il faut absolument que » vous trouviez le moyen de payer sans retard, conformément aux ordres que vous avez reçus.

» Nous vous rendons l'ordonnance du Bey que vous nous avez envoyée. Faites votre possible » pour trouver quelque expédient, et n'arrêtez pas les affaires.

» Écrit le 4 hedja 1267. »

En 1268, c'est le Bey lui-même qui signifie ses ordres, et en ces termes, au général Benaïad :

« Il y a déjà longtemps que nous vous avons recommandé *de fournir* des armes à la cavalerie,
» au 7ᵉ régiment et à l'infanterie. Je ne croyais pas qu'avec l'existence de la vapeur, vous auriez
» négligé jusqu'à présent cette affaire, qui est des plus urgentes. De quelle utilité un soldat est-il
» utile à la caserne s'il n'a point d'arme à la main? *Nous vous avons plusieurs fois pressé* pour
» cette affaire, *mais en vain.* Nous vous écrivons à présent relativement à ces armes, *et après cette*
» *lettre, nous n'accepterons aucune excuse de votre part* à ce sujet. *Quand un homme est dans votre*
» *position, il n'est pas besoin qu'on lui fasse savoir ce qui peut résulter du retard de cette importante*
» *affaire.* Empressez-vous donc immédiatement, et sans délai ni négligence, d'effectuer cette
» fourniture. Cet avertissement doit suffire.

» Écrit le 12 redjeb 1268.

» *Signé* : AHMED, Pacha-Bey. »

Reste la question relative aux frais de voyage du Bey à Paris.

La commission a vu plus haut les explications fournies sur une somme de 1,500,000 piastres
avancée par le Bey au général Benaïad. Cette somme se rattache essentiellement à la présente
affaire.

Le Bey venait d'accorder le fermage de la Gorfa (*entreprise de la fabrication de draps et de l'habillement et équipement des troupes*) au général Benaïad, associé pour cette exploitation au caissier
du prince, le caïd Iousouf. Ce prêt avait pour objet d'aider les entrepreneurs dans les dépenses de
cette énorme opération, et ils restaient débiteurs envers le Bey chacun de la moitié de la somme
prêtée. Quelque temps après, Son Altesse résolut son voyage à Paris. Manquant d'argent, elle
réclama son remboursement aux deux associés. N'ayant pas pu ou voulu rembourser sa part, le
caïd Iousouf fut mis en prison, et le général Benaïad fut contraint de subvenir lui seul à toutes les
dépenses du voyage. C'est ainsi qu'il déboursa la somme de 1,800,000 piastres pour capital et
intérêts de la somme prêtée, suivant la déclaration déposée par lui entre les mains du kasnadar et
citée par les agents tunisiens (*Redressement des questions,* page 39).

Les détails de cette affaire se trouvent dans le règlement de compte du 2 djoumad-el-aoual 1264,
signé par le Bey, et qui sera soumis à la commission impériale.

Voilà avec quel argent et comment les dépenses du voyage de Son Altesse ont été soldées.

On voit par là que les frais de ce voyage n'ont aucun rapport avec la délégation du Sabtab.

Question. — « 2° Créance de 671,208 piastres pour solde de compte daté de zilcade 1264.

» Demander à Benaïad s'il admet définitivement que cette créance soit comprise dans les
» comptes réglés par la délégation sur la ferme des cuirs (négociation Périer).

» Comment doit être décomposée la somme 2,636,079 piastres formant le 2ᵉ article du 8ᵉ compte
» produit dans les pièces justificatives du Bey ? »

Réponse. — Le général Benaïad n'admet nullement que la somme ci-dessus soit comprise dans le
compte réglé par la délégation sur la ferme des cuirs; les agents tunisiens fondent leur prétntion sur
ce que cette somme aurait été comprise dans le règlement de rebi-el-tani 1266. Dans ce compte,

— 52 —

le Bey déclare qu'il a reçu les teskerés des dépenses, les a vérifiés, puis portés article par article sur son registre : il n'y est nullement question d'arriérés, de reliquats quelconques de comptes ; mais le Bey y dit expressément qu'il a reçu les teskerés des dépenses, et que c'est en vertu des dépenses dudit compte et pour les couvrir qu'il a remis au général Benaïad le teskeré de 2,635,069 piastres 3/4. Ce teskeré est resté entre les mains du général Benaïad jusqu'à rebi-el-aoual 1267, époque où il régla avec le Bey un autre compte s'élevant à 3,886,332 piastres 3/4, sur lequel Son Altesse déclare également avoir reçu tous les teskerés de dépense et les avoir examinés, puis déchirés, comme le porte en toutes lettres le texte du teskeré.

Quant à la somme de 671,208 piastres, que le général Benaïad réclame, elle a été réglée par le compte du 24 kéda 1264, dans lequel Son Altesse, après avoir également déclaré qu'elle a reçu, examiné, puis déchiré les teskerés des dépenses, ajoute que le montant de ces dépenses était de 1,326,972 piastres 3/4 8 nasseries 1/2, et qu'elle a ensuite déduit de cette somme les 655,764 piastres 3/4, reliquat dû par le général Benaïad sur le compte précédent.

S'il était vrai que la somme de 671,208 piastres eût été comprise dans le compte de 2,635,069 3/4 piastres réglé par le teskeré de 5 millions sur la ferme des cuirs, teskeré négocié depuis à MM. Périer, il faudrait naturellement que le Bey se fût reconnu débiteur de 1,326,972 piastres 8 1/2, et qu'il eût porté au débit du général Benaïad la somme de 655,764 piastres 3/4. Et comme ce compte se serait alors trouvé tout naturellement réglé, le Bey aurait dû le déchirer et le remplacer par un teskeré de solde de 655,764 piastres 3/4, dont le général Benaïad avait été reconnu créditeur dans le compte précédent.

Le général Benaïad avait d'abord été surpris par l'affirmation des agents tunisiens citant au compte de rabi-el-tani 1266 le payement du solde de 671,000 piastres. Il ne pouvait pas vérifier ce compte, puisqu'il a été remis au Bey et déchiré au moment du règlement du compte de rabi-el-aoual 1267 dont il fait partie, comme auraient dû être déchirés le compte et le teskeré de kéda 1264 s'ils avaient figuré sur le compte de 1266. Depuis il a pu examiner plus attentivement les comptes des agents tunisiens. Il y a découvert des irrégularités et des contradictions. Ainsi dans leur note supplémentaire, faisant le dépouillement des comptes successifs des parties, et arrivant, page 9, au compte de kéda 1264, ils trouvent par la balance au débit du général Benaïad 575,764 12, et le calcul est exact. Puis dans le compte suivant ils portent ce même débit à 655,764 piastres. Il y a donc lieu ici de ne pas se fier aux chiffres des agents tunisiens.

Rappelant ensuite ses souvenirs, le général Benaïad est arrivé à la conviction entière que le compte de 1266 ne contenait que le relevé des mandats du Bey pour les fournitures courantes, et que dès lors il ne pouvait embrasser le reliquat d'un compte précédent. Il est impossible par la nature de la comptabilité tunisienne qu'une reconnaissance de 671,000 piastres échappe à la révision et à la vérification des pièces formant l'objet du compte à régler. Par ces motifs, le général Benaïad rejette la réclamation tunisienne.

Il a son titre valable et authentique, il ne suppose pas que les agents tunisiens puissent produire devant la Commission rien qui en détruise l'autorité.

Question. — « 3° Créance de 1,450,000 piastres, formant le solde, pour les années 1268 » et 1269, d'une délégation sur la ferme des tabacs.

» Demander à M. Raffo de produire le refus des agents de Benaïad relatif à cette créance pendant » l'année 1268.

» Demander à Benaïad s'il conteste encore que ce versement ait été fait entre les mains de ses
» agents.

» Quant à la délégation pour l'année 1269, demander aux deux parties pour quelles causes cette
» délégation était fournie.

» Demander aux agents du Bey de prouver que les obligations qui avaient motivé cette délé-
» gation n'ont pas été remplies par Benaïad.

» Demander à Benaïad de faire, s'il y a lieu, la preuve contraire. »

RÉPONSE. — Pour l'année 1268, les agents du général Benaïad ont fait exactement et sans nul retard toutes les fournitures demandées par le gouvernement tunisien. Ces fournitures sont justifiées par les teskerés ou mandats de fournitures de Son Altesse, qui seront soumis à la Commission.

Le général Benaïad devait recevoir du gouvernement tunisien 2,000,000 de piastres sur la ferme des tabacs pour les années 1267 et 1268 ; et comme il n'a reçu que 1,550,000 piastres, il lui est redû 450,000 piastres, qu'il réclame.

Sur ce chiffre les agents tunisiens soutiennent qu'il y a erreur et que les délégations ont été soldées ; ils prétendent avoir des reçus de ladite somme de 450,000 p. pour 1268.

Le général répond que s'ils ont ces reçus signés de sa main ou de la main de ses agents, il est prêt à en tenir compte. Mais pour éviter toute confusion, il faut qu'ils produisent les reçus des 2,000,000 de piastres formant le payement intégral de 1267 et de 1268. Si le Bey s'est libéré de cette dette de 2,000,000 de piastres, dans laquelle se trouve comprise celle de 450,000, il en a les reçus ; dans ce cas, qu'on les produise en totalité. Voilà la seule manière rationnelle de poser et de vider la question.

Si les agents tunisiens faisaient cette preuve, le général Benaïad tiendrait compte au Beylik des 450,000 piastres après que Son Altesse lui aurait donné le bénéfice auquel il a droit sur le revenu des tabacs.

Pour l'année 1269, le Bey a donné en délégation 1,672,500 piastres, et entre autres, une délégation de 1,000,000 de piastres sur Ahmed Zarrouk que nous transcrivons ici :

« Sid Zarrouk payera un million de piastres tunisiennes sur le fermage de tabac à Sid Mahmoud
» Benaïad, pour les dépenses de l'habillement des troupes.

» Sfar 1269.
» MOUSTAPHA, kasnadar. »

Pour le restant des délégations, voir page    de ce mémoire.

Ces nouvelles délégations de 1269 remises aux agents du général Benaïad prouvent l'entière satisfaction du Bey et l'exécution fidèle des contrats par le général Benaïad pendant l'année 1268. Et le Bey avait réellement lieu d'être satisfait, puisque les fournitures avaient été exécutées par les agents du général Benaïad absent de Tunis, avec le soin le plus scrupuleux et avec la même exactitude que s'il eût été présent.

Ils se sont montrés aussi zélés, aussi empressés qu'en 1268 à livrer sans retard au gouvernement tunisien, pendant les sept premiers mois de 1269, c'est-à-dire jusqu'en chaban, toutes les fournitures demandées par Son Altesse, comme le prouvent les teskerés ou mandats du Bey pour 1269, lesquels seront présentés à la Commission impériale.

Il est important de remarquer que dans le cours de ces sept mois les agents du général Benaïad n'ont rien reçu du gouvernement sur les délégations de 1269, et que, malgré cela, ils n'ont pas apporté le moindre retard à l'exécution des mandats de fournitures du Bey.

Afin de faire face aux commandes de Son Altesse, conformément aux conditions du fermage, ils avaient fait confectionner environ huit mille uniformes complets pour les soldats. Le fait ne sera pas nié, puisque les habillements en question sont encore dans la Gorfa.

Passant aux mandats du Bey que les agents tunisiens disent avoir été échangés contre des reçus signés du général Benaïad ou de ses agents, et qui n'ont pas été payés, nous allons fournir à cet égard des explications nettes et circonstanciées.

En recevant un mandat de fournitures tiré sur lui par le Bey, le général Benaïad en délivre un reçu au porteur, et à chaque livraison qui est faite, on inscrit l'article livré au dos même de ce reçu jusqu'à ce que le montant du mandat de Son Altesse soit entièrement soldé. Cette opération est nécessaire, attendu que les fournitures soldant le montant du mandat sont rarement effectuées en une seule livraison. Les choses se sont passées exactement de cette manière en 1269 pour toutes les fournitures que les agents du général Benaïad ont faites au Bey jusqu'au mois de chaban, c'est-à-dire pendant sept mois de ladite année, sans qu'ils aient reçu une piastre sur la délégation de 1269 ou tout autre payement concernant ces fournitures.

C'est alors qu'il plut au gouvernement tunisien de séquestrer les biens du général Benaïad et de s'emparer violemment de tout ce qui lui appartenait. La Gorfa fait partie de la confiscation. Aussi, dans ses réclamations contre le Bey, le général Benaïad demande à être indemnisé du dommage qu'il a éprouvé à cet égard.

La lettre suivante de son neveu et agent Sidi Hamida Benaïad, en date du 26 chaban 1269, constate les violences et les faits articulés ci-dessus :

*Extrait de la lettre de Sid Hamida au général Benaïad, en date du 26 chaban 1269.*

« Nous vous avons déjà informé au sujet de la fabrique de drap que Sid Ahmed-Zarrouk s'en
» est emparé, et qu'il a séquestré tout ce qu'elle renfermait.

» Le vizir a ordonné à Sid Hadj-Hamda de se rendre à la fabrique, et de livrer tout ce qui s'y
» trouvait.

» Quant aux objets susceptibles d'être pesés, il en prend un teskeré de l'Émin ; quant aux autres
» qui ne peuvent pas l'être, il en prend un écrit du notaire.

» Sachez qu'il y a environ huit jours, le vizir a dit que s'il apprenait que quelque chose fût sorti
» de la Gorfa ou d'autres endroits, ce serait moi qui en serais responsable. Il a séquestré tout ce
» qui se trouve ici ; et lorsque j'ai eu reçu votre lettre, je suis allé chez Son Excellence le vizir
» pour connaître ses intentions ; il m'a répondu que je pouvais vous informer que tout ce qui se
» trouve ici est mis sous le séquestre. Faites-moi savoir ce que je dois faire.

. . . . . . . . . . . . . . . . . . . . . . . . . . . . . . . . . . . . . . . . . . . . . . . . . . . . . . . . . .

» Nous informons Votre Seigneurie que hier le vizir a envoyé demander le compte des fournitures
» et celui des boulangeries ; il a demandé également tous les titres y relatifs que Votre Excellence
» nous avait remis, et que nous avions remis nous-même à votre fils Sidi Ahmed : nous les lui
» avons portés, et il les a pris, conformément aux ordres que vous avez donnés au caïd Nissim et
» à nous. Nous vous informons aussi qu'ils ont voulu prendre tous les registres revêtus du cachet

» du Bey concernant la Rabta. Nous avons répondu au vizir que ces registres sont sous la respon-
» sabilité de mon frère, et qu'il n'était pas possible de les lui remettre sans qu'il m'écrivît une
» lettre; et il m'a écrit de livrer tous les registres; il m'a écrit aussi qu'il faut séquestrer tous les
» teskerés de céréales pour l'année de cette date, et le teskeré de mise de fonds du tabac et celui
» des délégations.

» Quant à ce que vous nous avez dit au sujet du séquestre des propriétés, afin de le porter à la
» connaissance de Son Excellence le kasnadar, nous lui en avons parlé, et il nous a répondu que
» le séquestre demeure maintenu; que le consul en a conféré avec notre Seigneur après l'arrivée
» du dernier courrier, et que Son Altesse lui aurait répondu qu'elle ne veut rien entendre, et que
» FAMILLE ET BIENS, tout est sous le SÉQUESTRE. Afin de recevoir vos ordres, je viens vous faire savoir
» tout ce qui précède. »

QUESTION. — « § II. 1° 2,254,964 piastres pour fournitures diverses que le général Benaïad
aurait faites au gouvernement jusqu'au jour de son départ.

» Demander un extrait certifié par le consul général de France des registres du gouvernement
» de Tunis sur lesquels les teskerés constatant ces fournitures auraient été inscrits de la main
» des notaires du Bey. (Benaïad, n° 3, page 34.)

» Demander la production en original des lettres et des titres que le général prétend (*Idem*,
» page 35) avoir fait retirer des mains du kasnadar et qu'il s'oblige à représenter. »

RÉPONSE. — Sur la première de ces deux questions, rien à répondre pour le général Benaïad.

Sur la deuxième, il a déjà dit plusieurs fois que les ordres de la Commission seraient exécutés
par lui.

QUESTION. — « 2° 1,243,944 piastres. Approvisionnement et fonds de roulement de la ferme des
tabacs vendue au Bey. »

» Demander à M. Benaïad la production du compte et de la délégation qu'il aurait obtenue.
» Demander aux agents du Bey la représentation des refus qu'ils prétendent avoir entre les
» mains.
» Demander aux agents du Bey de faire connaître sur quelles valeurs portaient les délégations
» données à M. Benaïad.
» Leur demander la preuve que ces délégations s'appliquent au compte dont il s'agit. »

RÉPONSE. — Fermier des tabacs en vertu de l'amra que la Commission impériale connaît déjà et
dont l'original est présenté, le général Benaïad se trouvait créancier sur la régie du tabac pour une
somme de 1,243,944 piastres, montant du prix du tabac et de ses créances sur diverses personnes,
suivant la déclaration du kasnadar fournie aux pièces originales.

La preuve que les créances contenues dans ce compte étaient réellement dues au général Benaïad
et que le Bey les a recouvrées par le moyen de ses agents se trouve dans la lettre suivante, écrite
par le kasnadar au général Benaïad :

« Nous vous invitons à envoyer tous les titres de créances dues par les fermiers du tabac pour
» l'année dernière, afin que le général Sid Ahmed-Zarrouk en fasse rentrer le montant, car les fer-
» miers ont refusé de payer leurs dettes, et les titres sont entre vos mains.

» Écrit le 7 sfar 1267. »

En conséquence de cette lettre, le général Benaïad livra les pièces concernant lesdites créances à l'agent du Bey Sid Ahmed-Zarrouk contre des reçus qu'il remit à ses agents, à Tunis, pour en recouvrer plus tard le montant sur ledit Ahmed-Zarrouk.

Après un grand nombre de réclamations faites inutilement par les agents du général Benaïad, le kasnadar ordonna aux deux parties d'établir le compte desdites créances, puis il écrivit à Sid Zarrouk, en date de sfar 1269, de payer aux agents du général Benaïad la somme de 962,829 piastres 1/2 et 1 carroub.

Voici la lettre du kasnadar :

« Illustre et très-cher général Sid Ahmed-Zarrouk, chargé de la douane du tabac, que la paix » et la miséricorde de Dieu soient avec vous !

» Payez 962,829 piastres 1/2 et 1 carroub, montant des reliquats de comptes dus à Sid Mahmoud » Benaïad, général de brigade, sur la mise de fonds des tabacs et sur l'argent que vous avez » recouvré pour lui par l'intermédiaire de Sid Hamida Benaïad.

» Je vous salue.

» Signé MOUSTAPHA, kasnadar. »

» 24 rebi-el-aoual 1267.

La différence entre cette délégation et la somme totale des titres de créances remis au général Ahmed-Zarrouk est de 281,115 piastres. Cette différence s'explique par ce fait que le kasnadar autorisait le général Benaïad à recevoir seulement les sommes perçues par Ahmed-Zarrouk en vertu des titres délivrés ; mais le général Benaïad n'a rien reçu, ni sur la somme de 962,829 piastres déléguée et recouvrée par le gouvernement, ni sur les 281,115 piastres restantes. Il réclame en conséquence le montant intégral de ses créances pour ce compte, s'élevant à la somme de 1,143,944 piastres.

QUESTION. — « 3° 1,000,000 piastres, espèces perçues par le kasnadar sur le fermage dit des Métallit et l'hôtel des Monnaies pour compte du général Benaïad et entrées dans le trésor du Bey.

» Demander au gouvernement du Bey la preuve que ces sommes perçues par le kasnadar » figurent dans la délégation des 5 millions (*ferme des cuirs*).

» Demander aux deux parties la production des reçus que le général Benaïad et le directeur de » la Monnaie ont dû se donner réciproquement. »

RÉPONSE. — La Commission demande au gouvernement du Bey la preuve que la somme réclamée par le général Benaïad sur les Métallit figure dans le compte payé par la délégation de 5,000,000.

En place des agents tunisiens, le général Benaïad peut répondre par la preuve contraire.

Le troisième règlement de compte relatif à la délégation des 5,000,000 porte en effet une somme de 90,500 piastres à valoir sur ce qui est dû.

L'expression même *à valoir* sur ce qui est dû explique nécessairement l'aveu d'une dette plus considérable que la somme mentionnée. — Il est certain que le général Benaïad a reçu cette somme dans la délégation susénoncée et en doit compte, mais il est certain aussi qu'un compte restait à faire sur les produits de ce fermage entre le général Benaïad et le Bey.

Voici l'aveu, au surplus, que le gouvernement tunisien savait qu'il n'était pas acquitté envers le général Benaïad par l'à-compte ci-dessus. C'est une lettre du kasnadar jointe également aux pièces, et dont voici l'extrait sur le point en question :

« *Quant à l'argent de l'Ouatan et des Métallit, je recommande au chevalier Schoulm de vous le payer* » *entièrement sans retard.* »

Les dates ici sont décisives. Le compte soldé par la délégation des cuirs est du 1ᵉʳ djoumad-el-aoual 1267. La lettre du kasnadar est du 12 kéda de la même année. Djoumad-el-aoual est dans l'ordre du calendrier de six mois antérieur au mois de kéda; et six mois après le règlement du compte de djoumad-el-aoual, le kasnadar reconnaissant par écrit que le Bey avait encore de l'argent à verser au général Benaïad sur les Métallit, il ne peut pas exister de doute que les sommes perçues par le kasnadar formant l'objet de la réclamation de Benaïad n'ont pas été réglées par la délégation sur la ferme des cuirs.

Quant aux reçus et aux comptes relatifs à la monnaie d'argent, le général Benaïad s'empresse d'exécuter les instructions de la Commission en joignant aux pièces originales le relevé des recettes et dépenses réciproques dressé et signé par le caïd Nessim, caissier à la fois de la banque et de l'hôtel de la monnaie d'argent. Ce compte se solde par 221,177 1/2 piastres au crédit du général Benaïad, et il est bien entendu que dans ce solde ne figurent pas les sommes prises à la monnaie par le kasnadar depuis que ce compte a été arrêté, et dont l'enlèvement est postérieur à sa date.

QUESTION. — « 4° 3,000,000 de piastres pour fournitures faites au gouvernement de Tunis par les agents de Benaïad, depuis le départ de celui-ci et conformément aux contrats antérieurs.

» Demander à Benaïad de produire les teskerés sur le vu desquels ses agents ont dû consigner » ses marchandises.

RÉPONSE. — Le général Benaïad opère dans ses pièces la production qui lui est demandée. Les teskerés de fourniture qu'il produit se montent à la somme de 5,715,069 3/4.

QUESTION. — « 5° 865,000 piastres pour prix de 35,000 métaux d'huile qui auraient été reçus par le Bey pour le compte du général.

» Demander à Benaïad la production des pièces inédites qu'il aurait entre les mains. (Benaïad, » n° 3, page 38.)

» Demander aux deux parties des explications sur le sens du teskeré du 5 rebi-el-tani 1268, » cité par Benaïad. »

RÉPONSE. — Le général Benaïad remet à la Commission une somme de teskerés d'huile achevant de justifier sa prétention aux 35,000 métaux d'huile qu'il a réclamés ; ces teskerés produits s'élèvent, avec le solde du règlement de compte de rebi-el-tani 1268, à un total de 33,683 3 saâs 1/4 ; mais le général Benaïad fait d'expresses réserves pour d'autres fournitures du même genre versées par ses agents, restées à Tunis, entre les mains de ces derniers, et qu'il s'est empressé de leur réclamer par l'intermédiaire de M. le consul général. On sait déjà par quels motifs il ne peut pas pour le moment les obtenir, sans respect pour l'autorité de la Commission.

La Commission demande en outre des explications sur le sens du teskeré du Bey en date du 5 rebi-el-tani 1268. (Benaïad, 2 pièces justificatives, 26.)

8

Ce teskeré est une déclaration de règlement complet pour tous les gabats de la régence affermés par le général Benaïad, ainsi que pour toutes les dîmes et tous les saâs et produits provenant de l'huile à quelque titre que ce soit.

La Commission sait déjà que la dîme est la contribution directe prélevée sur la récolte pendante, que le saâ est une contribution indirecte perçue également sur tous les fruits de la terre, tels que grains, huile, etc.

On appelle gabats les champs et forêts d'oliviers appartenant au domaine du gouvernement. Le général Benaïad en était fermier pour leur presque totalité, moyennant une redevance fixe et annuelle payable en huile. Par conséquent, le teskeré de solde ci-dessus embrasse tous les revenus en huile du gouvernement affermés au général Benaïad, dîmes, saâs, gabats et jusqu'au produit des résidus exploités par les presses de la Casba.

Dès à présent, le général Benaïad justifie son droit aux trente-cinq mille métaux ci-dessus :

1° Par le teskeré de solde du 5 rebi-el-tani 1268. . . . . . . . Métaux 17,637 0 1/4 de saâ.

2° Par les teskerés de fournitures faites depuis ce règlement et actuellement présentés de. . . . . . . . . . . . . . . . . . . . 16,046 2 3/4

Total. . . . . . . . . 33,683 3

Il reste à faire venir de Tunis des teskerés pour treize à quatorze cents métaux d'huile, un peu plus, un peu moins.

Question.— « 6° 3,624,175 piastres pour prix de onze mille caffis de blé et de 26,000 caffis d'orge fournis par le général au gouvernement tunisien.

» Demander à Benaïad la production des amras de redjeb 1267 et de sfar 1268. »

Réponse. — La traduction de la première de ces pièces forme la pièce justificative n° 31 (Benaïad 2, page 98), seulement une faute d'impression a causé une erreur dans la date de ce document. Il est dans le mémoire en question daté de redjeb 1247; il faut lire 1267.

Le teskeré ou règlement de compte pour l'orge figure également aux mêmes pièces justificatives, n° 36, page 103. Les originaux de ces deux titres sont joints de même aux autres pièces originales.

Question. — « 7° Réclamation de 2,000,000 de piastres formant le minimum du bénéfice de la ferme des cuirs et des tabacs pendant l'administration des agents du Bey.

» Demander à Benaïad d'établir le compte annuel du bénéfice de ces fermes.

» Demander au comte Raffo de produire les extraits certifiés des registres où cette comptabilité » est portée. »

Réponse. — Le général Benaïad déclare que la somme d'un million est le minimum possible du bénéfice pour chacune des deux fermes, pendant le temps dont la jouissance lui est réservée par les contrats.

Il justifie cette assertion par la production des livres eux-mêmes des fermes des cuirs et du tabac.

Question. — 8° « Mémoire. Bénéfice de l'affermage de la perception des dîmes et impôts de
» Bizerte, de Toubourba et autres, dont les fruits auraient été perçus par les agents du Bey, bien
» que le fermage appartînt au général.

» Demander à Benaïad de produire les deux amras restés secrets qui, selon lui, auraient réglé
» cette opération. »

Réponse. — Ces deux contrats forment les pièces justificatives n°ˢ 16 et 17. (Benaïad, 2.) Les
originaux en sont joints aux pièces actuellement produites.

Question. — « 9° 3,000,000 de piastres pour dommages causés à des approvisionnements de
» marchandises séquestrées par le Bey, notamment de fournitures d'étoffes pour l'habillement de
» l'armée.

» Demander à Benaïad de donner la preuve que les dommages que ces marchandises ont éprouvés
» sont le fait du gouvernement du Bey, et notamment que celui-ci a empêché qu'on ne réparât les
» magasins dans lesquels elles se trouvaient placées. »

Réponse. — Les dommages causés aux marchandises proviennent évidemment des effets nécessaires du séquestre et de la violation des contrats. Par exemple, le général Benaïad a déjà dit
que ses agents avaient préparé huit mille vêtements complets pour l'armée. Le gouvernement tunisien ayant arbitrairement suspendu les livraisons de ses fournitures, les uniformes sont restés dans
les magasins, livrés aux insectes, qui ne tardent pas à dévorer les étoffes de drap dans les pays
chauds : de là détérioration et perte des habits confectionnés.

Le séquestre a mis également aux mains du gouvernement les objets contenus dans les magasins
séquestrés ; les agents du général Benaïad n'y pouvaient plus pénétrer, et le devoir du séquestra-
teur était au moins de pourvoir à la conservation des marchandises. S'il ne l'a pas fait, il est responsable des conséquences de sa mesure.

La question serait dès lors de savoir si en réalité le séquestre a été mis sur les magasins désignés.
Les preuves abondent. En voici trois dans trois lettres successives de Hamida Benaïad.

EXTRAITS DE LETTRES.

« Sachez qu'il y a environ huit jours le vizir a dit que s'il venait à sa connaissance *que quelque*
» *chose était sorti de la Gorfa*, ou bien d'autres endroits, ce serait moi qui en serais responsable.
» *Il a séquestré tout ce qui se trouve ici*, et lorsque j'ai reçu votre lettre, je suis allé chez S. Exc.
» le vizir pour connaître ses intentions ; *il m'a répondu que je pouvais vous informer que tout ce qui*
» *se trouve ici est mis sous séquestre*. Faites-moi savoir ce que je dois faire.

» 12 ramadan 1269. »

» Nous vous avons déjà informé, au sujet de la *fabrique des draps*, que Sid Ahmed-Zarrouk *s'en*
» *est emparé* et qu'il *a séquestré tout ce qu'elle renferme*. Le vizir a ordonné que Sid Hadj-Hamda
» se rende à la fabrique *et livre tout ce qu'il y a dans ladite fabrique*. Quant aux objets susceptibles
» d'être pesés, il en prend un teskeré de l'émin ; quant aux autres qui ne peuvent pas l'être, il
» en prend un écrit du notaire.

» 26 chaban 1269. »

« Quant à ce que vous nous avez dit au sujet du séquestre des propriétés, afin de le porter à la
» connaissance de S. Exc. le kasnadar, nous lui en avons parlé, et il nous a répondu que le séquestre
» demeure maintenu ; que le consul en a conféré le dernier courrier avec notre Seigneur, et que Son
» Altesse lui aurait répondu qu'elle ne connaît rien et que, famille et biens, tout est sous le séquestre.
» Je viens vous faire savoir tout ce qui précède pour recevoir vos ordres à cet égard.

» 30 kéda 1269. »

Le séquestre qui a pesé sur les propriétés mobilières et immobilières, sur les fabriques et fermages appartenant au général Benaïad, et même sur sa famille, ne peut pas être l'objet d'un doute.

La Commission demande encore la preuve que le gouvernement tunisien n'a pas même permis aux représentants du général Benaïad de pénétrer dans les magasins, afin de porter obstacle à la détérioration des objets qu'ils contenaient.

Cette preuve résulte entre autres de la protestation circonstanciée de M. Le Lasseur, membre de la maison Perrier frères, et formant la pièce justificative n° 20 ( Benaïad 2). Dans cette pièce, après avoir rapporté la mission dont il est chargé par le général Benaïad relativement à la prise de possession de toutes ses marchandises ; après avoir exposé la défense menaçante du Bey interdisant au gendre et au neveu du général Benaïad d'en opérer la livraison, l'honorable M. Le Lasseur constate en ces termes le sujet de la demande subsidiaire qu'il faisait, non pas même dans l'intérêt d'un seul, mais dans celui des deux parties :

« Attendu, dit-il dans la protestation mentionnée, que dans une lettre du soussigné en date du
» 25 février dernier, *adressée à M. le chargé d'affaires consul général de France à Tunis, et transmise*
» *par lui à Son Altesse le 27 février dernier ;*

» M. Le Lasseur a demandé sinon à prendre possession, au moins à *procéder contradictoirement*
» *avec* le gouvernement tunisien *à une constatation* de la *nature et de la quantité des marchandises*
» *existantes* DONT ON NE PEUT PRENDRE AUCUN SOIN, *en faisant observer qu'il serait autant dans l'intérêt*
» *du général Benaïad que dans celui de Son Altesse, si elle a réellement droit,* DE NE PAS LAISSER PLUS
» LONGTEMPS SE DÉTÉRIORER LESDITES MARCHANDISES ;

» Attendu que dans sa réponse à M. le chargé d'affaires consul général de France à Tunis, en date
» du 2 courant, *S. A. le Bey ne s'explique aucunement* sur le passage de la lettre de M. Le Lasseur,
» d'où il suit que son silence à cet égard doit nécessairement être considéré comme un refus positif
» d'autoriser aucune livraison. »

Cette protestation, en date du 4 mars 1854, constate donc que non-seulement le gouvernement tunisien a connu l'état fâcheux dans lequel le séquestre plaçait les objets emmagasinés, mais encore qu'il a été mis en demeure d'y parer par la plus simple et la plus raisonnable des concessions dans l'intérêt des deux parties, et qu'à cette demande si juste de l'un des chefs d'une des premières maisons commerciales de France, il n'a opposé que le silence, c'est-à-dire la persistance de son parti pris de destruction systématique.

Ce qu'il y a de certain et ce qui peut être facilement vérifié, c'est que la maison où se trouvent les marchandises, et qui a coûté au général Benaïad plus de 2,000,000 de piastres, est dans un état complet de délâbrement et de ruine, par l'effet du séquestre et de l'interdiction des réparations les plus indispensables, ainsi que par les eaux pluviales pénétrant dans les locaux et que le soleil africain achève l'œuvre que la pluie a commencée.

Le gouvernement a mis une telle négligence dans une garde qu'il ne permettait plus au véritable propriétaire, que des malfaiteurs ou des pillards ont même enlevé les marbres qui ornaient la maison.

Question. — « 10° 1,500,000 piastres pour dépense d'établissement de la monnaie de cuivre, » achat de machines et de 150,000 kilogr. de cuivre.

« Demander à Benaïad de produire : 1° le compte d'achat des objets relatifs à la fabrication des » monnaies de cuivre avec toutes les pièces à l'appui de ce compte; 2° lui demander de prouver » l'achat des flans de cuivre qu'il prétend avoir fait à l'étranger, et de représenter à ce sujet les » pièces à l'appui qu'il peut avoir en sa possession, telles que quittances, lettres de voiture, » connaissement, » etc.

Réponse. — Conformément à ces questions, le général Benaïad produit aux pièces originales les titres suivants :

1° Le compte du caïd Nissim, portant la note des dépenses faites à la monnaie de cuivre avant le contrat passé avec M. Thomas d'Alvarès;

2° Les pièces, factures et lettres de change acquittées, prouvant l'achat des machines envoyées à Tunis dans le courant de 1853 ;

3° Les pièces, factures et traites acquittées, prouvant l'achat à Londres des flans de cuivre expédiés à Tunis aux mêmes époques;

4° Le jugement du tribunal de commerce condamnant le général Benaïad à payer à M. Thomas d'Alvarès un traitement de 20,000 piastres par mois, de décembre 1852 à juillet 1853, quoiqu'il reconnaisse que M. Thomas n'a pas pu fabriquer de la monnaie par l'effet des obstacles apportés par le gouvernement tunisien. A cette dernière somme, il faut joindre tous les frais qu'a occasionnés le procès.

Question. — « 11° 10 millions de piastres, évaluation au *minimum* de créances dues par divers » particuliers dans la régence au général Benaïad, et dont le gouvernement aurait empêché le » recouvrement par son séquestre.

» Demander à Benaïad de produire l'état de ses créances avec pièces à l'appui. »

Réponse. — Cet état est donné ci-joint, accompagné de la très-grande majorité des titres originaux.

Toutefois sur ce point il y a une réserve à faire : il possède à Paris la plupart de ses titres, mais il n'en a pas la totalité. On comprend, en effet, qu'une certaine partie soit restée aux mains de ses agents pour en opérer le recouvrement à mesure des échéances. Le général Benaïad les a réclamés; et si le gouvernement tunisien n'y mettait obstacle en dépit du mandement des juges qu'il a choisis lui-même, le général pourrait aujourd'hui présenter la totalité de ces titres.

Le procès-verbal déjà cité, dressé par M. le consul général de France en date du 27 septembre 1855, constate la mauvaise volonté exprimée par tous les agents de Mahmoùd Benaïad de remettre toutes celles des pièces dont ils sont dépositaires, et le général prie la Commission de vouloir bien s'y référer.

L'état des créances du général Benaïad, tel qu'il l'a fait établir d'après ses écritures, s'élève à 14,219,736 piastres. On voit par conséquent que dans sa réclamation primitive le général Benaïad n'a rien exagéré et qu'il est resté fidèle à la vérité. Sur ces créances divers à-compte ont été reçus. Le général Benaïad en ignore l'importance totale, et c'est pour faire largement la part à cet inconnu qu'il a réduit sa réclamation, sauf compte, à 10 millions de piastres seulement.

Sur cet article, le général Benaïad demande que le gouvernement tunisien soit condamné à prendre pour son compte les titres et le recouvrement en lui en remboursant le capital total avec les intérêts.

En effet, parmi ces débiteurs, il y en a qui ont cessé de vivre, il y en a qui ont cessé d'être solvables, et presque tous, enfin, seront désormais disposés à opposer à l'acquit de leur dette toute espèce de résistance, parce que depuis trois ans ces résistances ont été excitées et favorisées par le gouvernement lui-même. Il y a plus encore; le gouvernement a perçu par contrainte une partie de ces créances, et naturellement il n'a pas pris les moins considérables. Ainsi il a forcé M. Tapia à lui payer environ 1,300,000 piastres qu'il devait au général Benaïad; il a tenu en prison Saïd Benaïad, autre débiteur du général pour 1 million de piastres, et, pour se couvrir de cette somme, il s'est emparé de tous ses biens, ce qui n'empêche pas l'incarcération de se prolonger. En cet état de choses, il semble qu'il soit de la justice de la Commission de faire subir au gouvernement de Tunis les conséquences de sa conduite et d'accepter les conclusions du général Benaïad.

QUESTION. — « § V, VI et VII. Réclamations relatives aux propriétés immobilières du général, » qui auraient été également séquestrées ou confisquées, aux intérêts sur toutes les sommes non liqui- » dées par la faute du gouvernement tunisien, et aux indemnités que le général réclame pour la » violation et la rupture des contrats.

» Demander à Benaïad d'établir le dommage qu'il aurait ainsi éprouvé.

» Demander aux agents du Bey d'établir de leur côté le compte du dommage que Benaïad aurait » causé au gouvernement de Tunis, en cessant, par son départ, d'exécuter les contrats conclus » avec lui. »

RÉPONSE. — Les dommages que le général Benaïad a éprouvés pour tous les actes qui viennent d'être énumérés sont énormes. Ses propriétés ont été mises au pillage, ses récoltes saisies, ses troupeaux entièrement perdus, les bâtiments d'habitation et d'exploitation sont tombés en ruines, les terres ont cessé d'être cultivées ou ont été mal cultivées, de façon à causer de grandes dépenses pour leur nouvelle mise en état. Depuis trois ans, le gouvernement de Tunis suspend le payement des sommes qu'il doit au général, et ces sommes elles-mêmes étaient déjà dues en grande partie avant la rupture de 1853. La violation des contrats n'est pas un préjudice moins sensible, car elle a paralysé et anéanti les mises de fonds très-considérables que le général avait dû consacrer à l'approvisionnement de toute espèce des fabriques et des monopoles dont il avait le fermage.

Le général Benaïad disait tout à l'heure que ses récoltes avaient été enlevées, que les revenus de ses domaines avaient été perçus par le gouvernement; il peut ajouter aujourd'hui que le gouvernement est allé et va encore en ce moment jusqu'à donner à bail ses domaines à son profit et pour son compte.

Par le dernier courrier, le général Benaïad vient d'en acquérir la preuve officielle, rédigée et signée par le directeur actuel de la Rabta.

Parmi les propriétés du général se trouve une terre nommée Taïbat l'Essem, affermée par le général Benaïad avant son départ à un Arabe d'Alger, du nom de Mohammed-Ben-Hadjouge. Cet homme vient de recevoir, sous la date du 29 hedja 1271, correspondant au 14 septembre 1855, la lettre suivante du haut fonctionnaire que nous venons de citer :

## « LOUANGE A DIEU !

» Sidi Hadj-Mohammed-Ben-Hadjouge, que la paix et la miséricorde de Dieu soient avec vous !

» Je vous informe que le Hanchir (terre) Taybat l'Essem est maintenant sous la gestion de Sidi
» Ismaïl, général de brigade et directeur de la Rabta, et que ladite terre de Hanchir doit être
» louée par nous. Si vous voulez vous en rendre locataire, faites-nous savoir votre intention là-
» dessus pour que cet affermage vous soit réservé, et s'il se présente d'autres fermiers qui en offrent
» plus que vous, nous vous le ferons savoir, afin que vous nous disiez si vous acceptez le surplus.
» Le Hanchir vous restera si vous acceptez le surplus, sinon nous le louerons à d'autres.

» Écrit le 29 hedja 1271.

» *Signé* : MOHAMMED-EL-ONI. »

Ainsi, voilà donc les terres du général Benaïad mises publiquement à l'encan par un gouvernement qui prétend ne les avoir pas même séquestrées.

La Commission ordonne cependant que ces dommages soient formulés en un chiffre. C'est pour le général Benaïad une délicate difficulté. Il fera néanmoins tous ses efforts pour concilier les convenances et la modération avec le préjudice causé.

Depuis trois ans, le général Benaïad est privé de tous ses revenus. Il a dit que ses terres sont en souffrance, ses bâtiments en ruines. Ses propriétés étaient couvertes d'immenses troupeaux, ils n'existent plus. A Tunis, le climat est capricieux, les années mauvaises sont déplorables, mais les bonnes années sont d'une incomparable fécondité. Il n'est pas un Tunisien qui trouve exagérée cette assertion, qu'année moyenne les terres rendent dans la régence dix pour cent du capital : pour les trois années cette évaluation représenterait une juste indemnité de 3,000,000 ; et le général déclare qu'il est des années où ses propriétés lui ont rapporté seulement en huile 100,000 métaux, c'est-à-dire 2,000,000.

Il y a, en outre, tout le bétail dispersé ou disparu, tous les bâtiments délabrés.

Après ces observations, le général Benaïad croit s'enfermer dans le cercle de son droit le plus restreint en réclamant de ce chef une indemnité totale de 2,000,000 piastres.

Pour les intérêts, il y a compte à faire, et le général Benaïad pense que ce compte ne peut se faire utilement qu'après la décision de la Commission souveraine déterminant les sommes susceptibles d'intérêt en accordant le capital.

Les préjudices résultant de la rupture des contrats se composent des articles suivants :

1° La fabrique de drap attachée à la Gorfa.

Cet établissement, affermé au général Benaïad pour dix années, à partir du mois de moharem 1261, se rapportant au 28 janvier de la même année, a été fermé et séquestré par le Bey au mois de chaban de l'année 1269, c'est-à-dire 21 mois avant l'expiration du fermage.

On sait déjà par la lettre citée plus haut, page    , d'Hamida Benaïad, que sid Ahmed-Zarrouk, général de brigade, chargé de s'emparer de ladite fabrique au mois de ramadan 1269, employa à cette exécution son agent Sid Yousouf-Anafi.

Voici comment les choses se sont passées :

Sid Hadj-Hamda-Zulim, gendre et agent du général Benaïad, ayant reçu du kasnadar l'ordre de livrer audit Zarrouk la fabrique de drap avec tout ce qu'elle contenait, refusa d'y obtempérer. Il sollicita la protection du consul général de France; celui-ci lui déclara ne pouvoir protéger un sujet tunisien, mais que si les intérêts du général Benaïad étaient lésés, ce dernier aurait recours au gouvernement français, qui le comptait parmi ses nationaux.

Cependant Hamda-Zulim fut violenté, mis en prison, et il dut céder à la force. On l'obligea à assister à l'acte par lequel Ahmed-Zarrouk et Yousouf-Anafi, son agent, prirent possession de la fabrique; une espèce d'inventaire fut dressé arbitrairement et sans contrôle par les notaires et remis à Hamda-Zulim, qui se trouvait dans l'impossibilité de faire la moindre observation sur le prix attribué aux marchandises et sur un grand nombre d'objets que les agents du Bey passaient entièrement sous silence.

Le gouvernement tunisien s'est encore emparé du mobilier tout entier d'une maison sise à ladite fabrique appartenant au général Benaïad : un prétendu inventaire en a été également dressé et livré à Hamda-Zulim.

Non content de cela, le général Zarrouk a voulu forcer Hamda-Zulim à rester à la fabrique en qualité d'officier du gouvernement; mais celui-ci rejeta une pareille proposition, prouvée par une lettre de Ahmed-Zarrouk, jointe, ainsi que les inventaires dressés, aux pièces originales.

Le général réclame pour prix de toutes les marchandises qui s'y trouvaient et qui ont été confisquées la somme de 1,400,000 piastres avec les intérêts à 6 pour 100, depuis le jour de la confiscation jusqu'au jour du payement intégral.

Reste maintenant à fixer l'indemnité pour réparation du dommage que lui a causé la rupture du contrat.

La fabrique de drap produit 500 pièces par mois, mesurant chacune 40 mètres turcs. Le prix de revient pour la fabrique est de 5 piastres par mètre, et, d'après une clause du contrat, le même mètre est vendu au gouvernement à raison de 9 piastres et quelquefois plus cher aux particuliers.

Or, quand le contrat a été rompu violemment et sans motifs par le Bey, il devait encore avoir vingt et un mois de durée, pendant lesquels la fabrication se serait élevée à 10,500 pièces, mesurant ensemble 420,000 mètres de drap. Puisque le bénéfice est au minimum de 4 piastres sur chaque mètre, on arrive à une somme totale de 1,680,000 piastres comme représentation exacte du bénéfice qu'aurait produit la continuation du contrat.

Le général Benaïad croit rester encore dans les termes les plus modérés en portant l'indemnité qui lui serait allouée à moins de la moitié de cette évaluation.

Il porte donc l'indemnité qu'il réclame, soit pour les marchandises et autres objets usurpés, soit pour l'indemnité motivée par la suppression prématurée des conventions, à

1,400,000. . . . . . . . . d'un côté.

800,000. . . . . . . . de l'autre.

2,200,000. . . . . . . . Total.

3° Indemnité pour le fermage de la Gorfa.

Ce contrat a encore vingt et un mois à courir, ainsi que le précédent. Il consistait dans la confectionnement et la fourniture de l'habillement de l'armée, à un prix fixé d'avance pour toute la durée du contrat. C'était donc une entreprise avec des chances aléatoires très-grandes, où le bénéfice et les pertes dépendaient et du change et du prix variable des matières premières importées de l'extérieur. Le bonheur des circonstances a fait que le général Benaïad a recueilli des bénéfices ; mais comme les chances aléatoires existent toujours, et qu'on ne peut pas déterminer si elles seront pour l'avenir favorables ou défavorables au général Benaïad, il croit de sa loyauté de ne réclamer à ce sujet aucune indemnité.

4° Monopole du sel.

Le gouvernement tunisien a pris tout le sel se trouvant dans les magasins ou dans les salines du général Benaïad. Ce dernier évalue au plus bas et les articles saisis et l'indemnité due pour l'année encore à courir de ce fermage à 300,000 piastres.

Le général joint aux pièces originales la lettre du général Farhat, prescrivant la remise aux agents du gouvernement, du sel existant dans les magasins et les salines de Mahmoud Benaïad.

5° Fermages de l'Alfa, de la Rabta et de la Koucha pour deux ans.

Ces fermages devaient encore rester deux ans aux mains du général Benaïad (1269-1270).

Lorsque le Bey s'est emparé de ces établissements, ils contenaient du blé, de l'orge, des biscuits, de la farine appartenant au général Benaïad. Pour cette spoliation et l'indemnité due à la privation de la jouissance de ces fermages pendant deux ans, le général Benaïad réclame 2,000,000 piastres.

La prise de possession par le gouvernement des approvisionnements existant dans ces entrepôts, est également prouvée par une lettre du kasnadar jointe aux pièces.

6° Fermage de Gerbi.

Trente mois à s'écouler avant l'expiration des contrats. Prise de possession par le Bey des huiles, grains, fruits divers de la terre appartenant au général Benaïad.

Pour la représentation des valeurs enlevées et la rupture du contrat, le général Benaïad réclame 600,000 piastres.

7° Fermage de l'Ouatan.

Deux ans à courir ; point de valeurs usurpées. Indemnité pour la rupture du contrat, 200,000 piastres.

8° Fermage des Métallit.

Deux ans à courir, point de saisies ; indemnité, 100,000 piastres.

9° Monnaie d'argent.

Durée à courir, dix-sept ans ; indemnité, 200,000 piastres par an.

10° Monnaie de cuivre.

Durée à courir, dix-sept ans ; indemnité, 200,000 piastres par an.

11° Privilége de la banque.

Durée à courir, dix-sept ans ; indemnité, 100,000 piastres par an.

Quant à la demande que fait la Commission aux agents tunisiens d'établir le dommage qu'aurait subi leur gouvernement par l'inexécution des contrats à la suite et par l'effet du départ du général Benaïad, il attend avec curiosité leur réponse ; car, toute cette discussion l'a prouvé, jamais les contrats n'ont cessé d'être exécutés, ainsi que les ordres du Bey, soit par le général Benaïad, soit par ses agents, jusqu'aux violences par lesquelles le gouvernement de Tunis en a voulu et opéré la rupture en mai 1853.

---

*P. S.* — Le général Benaïad, avant de terminer ces observations, doit placer sous les yeux de ses juges les événements qui se sont passés à Tunis à propos des instructions données soit pour la vérification, soit pour la remise des pièces de nature à éclairer certaines parties du débat.

Le général Benaïad a prescrit à son représentant à Tunis, M. Mercier, de retirer des mains de ceux de ses anciens agents dont il lui donnait la liste les livres, titres, teskerés, papiers de toute nature dont ils étaient dépositaires.

M. Mercier fit appeler plusieurs de ces personnes, et celles-ci devant témoins promirent à M. Mercier et à son fils, actuellement à Paris, la remise des pièces ou livres qu'ils avouaient posséder.

Mais bientôt ces dispositions changèrent complétement. Les anciens agents du général Benaïad, mandés au palais, y reçurent l'ordre de ne livrer les pièces du général Benaïad qu'après leur examen préalable par les fonctionnaires du gouvernement tunisien. Ce fait forme l'objet d'une protestation de M. Mercier sous la date du 14 septembre dernier.

Le gouvernement de Tunis, il est vrai, a écrit à M. le consul général de France une lettre de dénégation; mais la dénégation est si vague et si embarrassée, qu'elle équivaut presque à un aveu par les termes généraux dans lesquels elle a soin de se retrancher.

Dès ce moment, M. Mercier ne trouva plus de la part des anciens agents du général qu'entraves et mauvaise volonté pour l'accomplissement de la mission dont il était chargé; quelques-uns même allèrent jusqu'à renier leurs promesses précédentes, et il fallut, pour constater la situation, les faire paraître devant M. le consul général. Leurs interrogatoires, consignés dans un procès-verbal du consulat général de France en date du 27 septembre dernier, prouvent évidemment le concert qui s'est établi entre eux pour se refuser aux réclamations du général Benaïad et leur confiance dans la protection du gouvernement de Tunis contre les conséquences d'un refus qui n'est pas autre chose que la violation de leurs devoirs de dépositaires.

Cependant la vérité possède un tel ascendant, que souvent elle s'est fait jour à travers toutes les réticences. Dans le cours de ses réponses aux questions de la Commission, le général a cité les déclarations d'Hermas, de Chaban-el-Mokadem, etc.; il appelle aussi l'attention de MM. les membres du Comité sur la déclaration du caïd Nessim Semama : ils y trouveront l'aveu du versement de 93,115 piastres (affaire de la banque; encaisse au moment du séquestre) et de la saisie de tous les objets contenus dans l'hôtel de la monnaie de cuivre, ainsi que de la saisie des flans.

Mais la circonstance essentielle sur laquelle le général Benaïad sollicite toute l'attention de la Commission est celle-ci. Conservatrice de toutes les formes et de toutes les garanties d'une justice impartiale, la Commission avait ordonné la vérification des registres du Bey, spécialement en ce qui concernait les comptes en blé de Benaïad et de Bahram. Cette vérification devait être contradictoire pour avoir son autorité légale. Par conséquent, la Commission pensait qu'elle serait faite en présence du représentant du général Benaïad. Celui-ci avait adressé à son représentant la copie de ses propres comptes en français et en arabe pour les contrôler avec ceux du Bey, et il avait envoyé cette copie par un interprète ayant mission d'assister M. Mercier. Ce dernier fit connaître ces dispositions à M. le consul général, qui l'invita en conséquence à se rendre à sa maison de campagne de la Marsa, où les fonctionnaires tunisiens devaient se trouver aussi pour opérer la production des registres et en former l'expédition légalisée.

Mais au moment de la réunion, les fonctionnaires tunisiens s'opposèrent à la présence du représentant du général Benaïad et de son interprète, et par le fait de cette opposition, M. Mercier ne put pas assister aux vérifications à faire ni remplir la mission qui lui avait été donnée.

Il constata ce fait grave dans une protestation déposée entre les mains de M. le consul général de France et dont la copie légalisée est dans les pièces originales soumises à la Commission. Les pièces résultant d'une pareille opération restent donc entachées d'un vice que la Commission appréciera. Le gouvernement tunisien ne s'est point borné à ces actes. Une protestation de M. Mercier en date du 27 septembre dernier constate que ce gouvernement, ne pouvant plus insister directement sur le séquestre des propriétés du général, a pris une route indirecte et non moins violente pour arriver au même résultat. Il a suscité une demande du neveu de Mahmoud Benaïad, qui se prétend cohéritier de ce dernier pour la succession de son grand-père. Jamais Hamida n'a fait connaître une pareille prétention à son oncle, et elle ne soutiendra pas un instant la discussion. Cependant, sans examen, sans jugement, le gouvernement de Tunis vient de livrer à Hamida toutes les propriétés immobilières du général Benaïad. Il réclame tout au plus le cohéritage, on lui livre l'héritage tout entier. Il ne s'agit que de l'héritage de l'aïeul des parties, on livre et l'héritage et tous les autres biens qui n'ont jamais été dans l'héritage, et le gouvernement tunisien se permet cette spoliation en sachant qu'il s'empare ainsi contre le droit des propriétés d'un citoyen français pour les substituer, par un acte de son bon plaisir, à un sujet tunisien.

Au surplus, quand le général Benaïad accuse le gouvernement de Tunis d'être le véritable auteur de cette manœuvre, de l'avoir suscitée uniquement dans le but de retenir sous sa main les propriétés de l'homme qu'il persécute, il ne dit rien dont il n'ait la preuve ; et cette preuve il la tient de la main de ce même Hamida sous le nom duquel on le dépouille.

Le général Benaïad a déjà exposé que tout récemment, en septembre dernier, les nouveaux directeurs de la Rabta ont mis à l'encan la location d'une de ses propriétés. Ainsi, pendant qu'on a l'air de les donner à Hamida d'une part, de l'autre on en conserve la jouissance. C'est là tout le but qu'on voulait atteindre. Hamida obéit à la crainte, Hamida n'est qu'un prête-nom.

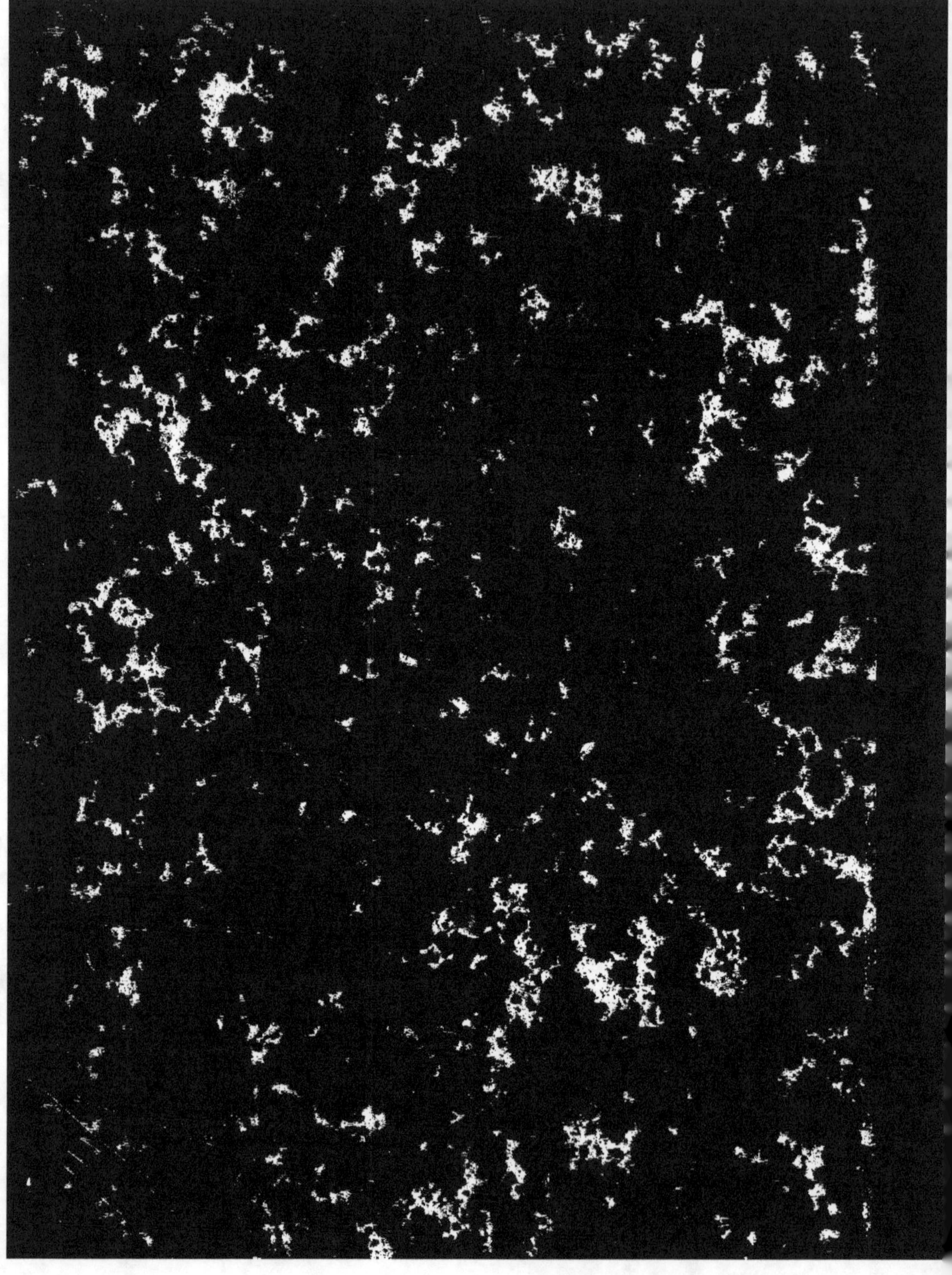